Título del original inglés: *Your Answers Questioned: Explorations for Open Minds*, por Osho

Diseño de cubierta e interior: Gerardo Domínguez

El material de este libro es una selección de una serie de charlas dadas por Osho durante un período de más de treinta años. La totalidad de las charlas, así como las grabaciones originales en audio están publicadas íntegramente en inglés. Ambas están disponibles en la biblioteca de la www.osho.com

Editorial EDAF, S.L.U.
Jorge Juan, 68, 1º pl, 28009 Madrid
http://www.edaf.net

Algaba Ediciones, S.A. de C.V.
Calle 21, Poniente 3323, Colonia Belisario Domínguez
Puebla, 72180, México
jaime.breton@yahoo.com.mx

Ediciones y Distribuciones Edaf, S.R.L.
Chile, 2222
Buenos Aires, Argentina
fernando@edafarg.net

Edaf Chile, S.A.
Huérfanos 1178, Oficina 501
Santiago - Chile
comercialedafchile@edafchile.cl

6.ªedición, mayo de 2026

ISBN: 978-84-414-3896-5
Depósito legal: M-2002-2019

Impreso en España - Printed in Spain -Service Point-

Papel 100% procedente de bosques gestionados de acuerdo con criterios de sostenibilidad.

Sal de tu zona de confort

OSHO

Sal de tu zona de confort

...y empieza a vivir

edaf

MADRID - MÉXICO - BUENOS AIRES - SANTIAGO

2026

Índice

Introducción

Sal de tu zona de confort: y empieza a vivir

❖

Este libro propone una exploración. Es una iniciación, un punto de partida, un viaje hacia lo nuevo, hacia lo desconocido. Un mapa que nos va dejando pistas, piedras pintadas de colores, marcas en el bosque. Pequeños señuelos, notas sorpresa y flechas indicativas para atravesar la espesura de nuestra mente, y que nos va a llevar como en un juego y casi en volandas, de lo conocido a la nuevo. De lo planeado a la sorpresa, de la oscuridad a la luz, derribando las barreras mentales que nos limitan sin saberlo.

Un libro para atrevidos y también para leer, no con la mente, sino con el corazón.

❖

¿Estás listo?

Cuanto menos sabe la gente,
más se aferra a lo que sabe.

❖

Las personas inteligentes dudan, sopesan, titubean. Los que no lo son nunca titubean, nunca dudan. Donde el sabio susurra, el necio grita a los cuatro vientos.

❖

«La verdad» no es más que una forma de hablar, no existe ninguna caja que lleve la etiqueta «Verdad» que un día pudieras encontrar, abrirla, ver su contenido y decir: «¡Fantástico! He encontrado la verdad». No existe una caja así. Tu existencia es la verdad y, cuando estás en silencio, estás en la verdad. Y si el silencio es absoluto, entonces estás en la verdad suprema.

Pero no pienses en la verdad como un objeto, no es un objeto. No está allí, está aquí.

❖

Cada día plantea sus propios problemas, sus propios retos; cada momento trae sus propias preguntas. Y si tienes respuestas preconcebidas en tu cabeza, ni siquiera serás capaz de escuchar la pregunta. Estarás tan saturado con tu respuesta que serás incapaz de escuchar. No estarás abierto.

❖

Muchos de nuestros problemas —quizá la mayoría de ellos— son tales porque nunca los hemos mirado a la cara, nunca los hemos enfrentado. Y no mirarlos es darles energía. Tenerles miedo es darles energía. Intentar evitarlos continuamente es darles energía, porque estás aceptando su realidad. Tu mera aceptación alimenta su existencia. Si no fuese por tu aceptación, no existirían.

❖

Jamás ha existido otra persona como tú, en este momento no existe nadie como tú en todo el mundo y nunca habrá nadie como tú. Fíjate en el respeto que te está mostrando la existencia. Eres una obra maestra, irrepetible, incomparable, totalmente única.

❖

Deja de juzgarte. En lugar de juzgar, empieza a aceptarte con todas tus imperfecciones, tus flaquezas, tus errores, tus fracasos. No te exijas ser perfecto. Eso es pedir lo imposible y después te sentirás frustrado. A fin de cuentas, eres humano.

❖

No te preocupes por la perfección. Sustituye la palabra «perfección» por «totalidad». No lo mires desde el punto de vista de tener que ser perfecto, sino de tener que ser total. La totalidad te dará una dimensión distinta.

Existe una diferencia tremenda entre perfección y totalidad. La perfección es una meta situada en algún lugar del futuro, la totalidad es una experiencia en el aquí y ahora. La totalidad no es un objetivo, es una forma de vida.

❖

La mayor calamidad que puede sucederle a un hombre es volverse demasiado serio y demasiado práctico. Lo mejor es un poquito de locura, una pizca de excentricidad.

❖

Coraje significa ir a lo desconocido, a pesar de todos los temores.

Coraje no significa intrepidez. La intrepidez sucede cuado existe el coraje y lo tienes.

El coraje es la experiencia anterior o base de la intrepidez. Es la esencia que queda siempre cuando el coraje define todo.

La existencia no es un problema que haya que resolver, es un misterio que hay que vivir.
Y deberías ser perfectamente consciente de la diferencia que hay entre un misterio y un problema.

❖

Un problema es algo que la mente ha creado, un misterio es algo que simplemente está ahí, no ha sido creado por la mente. Un problema conlleva algo feo, es como una enfermedad. Un misterio es maravilloso. Con el problema, inmediatamente surge la lucha; tienes que resolverlo, algo va mal, tienes que arreglarlo. Algo está faltando, tienes que reponer el enlace que falta. Con el misterio nada de eso se cuestiona.

La luna sale de noche… No es un problema, es un misterio. Tienes que vivir con ella, bailar con ella, cantar con ella. O simplemente puedes sentarte con ella en silencio. Rodeado de ese algo misterioso.

❖

Continúas soñando, imaginándote cosas maravillosas para los días venideros, para el futuro.

Y en los momentos en los que hay un peligro inminente, de repente te das cuenta de que podría no haber un futuro, un mañana, y que este es el único momento de que dispones.

Los momentos de desastres son muy reveladores. No aportan nada nuevo al mundo, únicamente te hacen consciente del mundo tal y como es. Te despiertan.

Si no comprendes esto, puede que te vuelvas loco. Si lo comprendes, puede que despiertes.

❖

Juégate el todo por el todo.

¡Sé un jugador! Arriésgalo todo, porque no es seguro que haya un momento siguiente, así pues, ¿por qué preocuparse? ¿Por qué estar ansioso? Vive peligrosamente, vive alegremente. Vive sin miedo, sin sentimiento de culpa. Vive sin ningún temor al infierno y sin codiciar el cielo.

Simplemente vive.

❖

RE

Rompiendo esquemas

Es bueno ser curioso, porque así es como uno empieza su viaje de investigación dentro de la existencia; pero si uno solamente se limita a ser curioso, carecerá de intensidad. Uno puede ir de curiosidad en curiosidad, como un tronco que flota de ola en ola sin anclarse nunca en ningún lugar.

La curiosidad está bien para comenzar, pero después uno tiene que volverse más apasionado. Uno tiene que hacer de la vida una búsqueda, no solo una curiosidad.

Y ¿qué quiero decir con hacer de la vida una búsqueda? Las preguntas son muchas, la búsqueda es una. Cuando alguna pregunta se convierte en algo tan importante para ti que estás dispuesto a sacrificar tu vida por ella, entonces es una búsqueda. Cuando una pregunta tenga tanta importancia, tanto significado que arriesgues todo lo que posees, que puedas jugártelo todo, entonces es una búsqueda.

❖

La muerte es segura, la vida es inseguridad. Alguien que realmente quiera vivir tiene que vivir en peligro, en peligro constante. Quien quiera llegar a la cima tiene que correr el riesgo de perderse. Aquel que quiera ascender a la cumbre más alta tiene que correr el riesgo de caerse desde algún lugar, precipitándose hacia abajo.

❖

La sociedad te enseña: «Elige lo práctico, lo cómodo. Elige el camino trillado por el que, desde Adán y Eva, han caminado tus abuelos y los abuelos de tus abuelos. Elige el camino bien trillado. Es una prueba. Si por él han pasado tantísimos millones de personas, no puedes equivocarte».

Pero recuerda una cosa: la multitud nunca ha experimentado la verdad. La verdad solamente le sucede al individuo.

Siempre que existan alternativas, ten cuidado: no elijas lo conveniente, lo cómodo, lo respetable, lo socialmente aceptable, lo honorable. Elige aquello que haga sonar una campana en tu corazón. Elige aquello que te gustaría hacer a pesar de las consecuencias.

❖

La verdad solamente le sucede al individuo.

No es malo cometer errores. Incurre en tantos errores como puedas, porque esa es la manera con la que aprenderás más, pero no caigas una y otra vez en el mismo error, porque eso haría de ti un estúpido.

❖

Tienes que protegerte de tantas personas bien intencionadas, de los bienhechores que continuamente están aconsejándote que seas esto o lo otro. Escúchalos y dales las gracias. No quieren hacerte daño, pero eso es lo que consiguen. Solamente escucha a tu propio corazón, es tu único maestro. En el viaje auténtico de la vida, tu propia intuición es tu único maestro.

❖

Hay algo de tremenda importancia acerca de la verdad:

A menos que tú la descubras, nunca será verdad para ti. Si tomas prestada la verdad de otro, en ese mismo momento deja de ser verdad,se convierte en una mentira.

❖

Cualquier cosa que estés haciendo, pensando o decidiendo, recuerda: ¿sale de ti o es otra persona la que está hablando? Te quedarás sorprendido al descubrir la auténtica voz. Tal vez sea la de tu madre, una vez más volverás a escucharla hablando. Quizá sea la de tu padre, no es difícil de detectar en absoluto. Dentro de ti permanecen grabados sus consejos, sus exigencias, su disciplina, sus órdenes exactamente como te las dieron por primera vez.

Deshazte de las voces que llevas dentro de ti y pronto te sorprenderás al escuchar una pequeña y serena voz que nunca habías oído antes y que no puedes determinar a quién pertenece. No, no es la de tu madre, no es la de tu padre; no es la de tu sacerdote ni la de tu maestro..., de inmediato reconoces que es TU voz, por eso no podías descubrir su identidad, a quién le pertenece.

Descubre tu voz,síguela entonces sin ningún miedo dondequiera que te lleve, ahí está la meta de tu vida, ese es tu destino.

Es allí únicamente donde encontrarás la realización, el contento.

❖

La verdad o las consecuencias

No pienses en las consecuencias, solamente los cobardes piensan en ellas.

❖

Todo el mundo está diciéndote que mantengas un perfil bajo. ¿Por qué? Una vida tan pequeña, ¿por qué mantener un perfil bajo?

Salta tanto como puedas.

Baila tan alocadamente como te sea posible.

❖

Ser exactamente igual que los demás significa formar parte de todo ese tipo de mentiras que la sociedad llama buenos modales. Está claro el motivo por el que la gente habla sobre la verdad y siguen estando en el mundo de las mentiras. En su corazón anhelan la verdad. Se avergüenzan de ellos mismos por no ser verdaderos, por eso hablan sobre la verdad, pero es mera cháchara. Vivir de acuerdo a ella es demasiado peligroso, no pueden arriesgarse.

Y lo mismo sucede con la libertad.
De palabra todo el mundo desea ser libre, pero en realidad nadie lo es y, de hecho, nadie quiere ser libre, porque la libertad no llega sola, implica responsabilidad.

❖

La diferencia entre ambición y anhelo es que la ambición está dirigida hacia una meta y el anhelo hacia el origen. Ambición significa que hay algo que conseguir «allí afuera». Depende de un objetivo, hay un motivo, por tanto, sobre el que poder pensar. Puedes calcular si merece la pena conseguirlo o no. No se trata de un sentimiento, ha de ser calculado. Tienes que moverte con cautela en una determinada dirección, porque el mundo es muy astuto y existe competitividad; todos están tratando de conseguir el mismo objetivo. Tienes que ser listo, astuto y muy prudente. Tienes que ser político, diplomático.

El anhelo no persigue un objetivo pero tiene un origen. El corazón es el origen.

Vincent van Gogh siempre pintaba unos árboles tan grandes que sobrepasaban las estrellas. Las estrellas, el Sol y la Luna eran pequeños, pero los árboles eran tan sumamente grandes... Alguien le dijo: «¿Estás loco o algo por el estilo? ¿Por qué pintas árboles tan grandes? La estrella más lejana está a millones y millones de años luz ¡y tus árboles van más allá de las estrellas! ¿Qué estupidez es esta?».

Y Van Gogh se reía y decía: «¡Ya lo sé! Pero también sé algo más que tú no aprecias. Los árboles son el anhelo de la tierra de trascender las estrellas. Pinto ese anhelo, no los árboles. Me interesa más el origen, no el objetivo. Si llegan o no a las estrellas, es irrelevante. Pertenezco a la tierra, soy parte de ella y comprendo su anhelo. Alcanzar las estrellas es el anhelo de la tierra expresado mediante los árboles».

Y para un anhelo todo es posible. No hay nada imposible, porque no se trata de llegar a ninguna parte, solo se trata de disfrutar del origen del anhelo en sí mismo.

Mira en el fondo de tu corazón. Escucha tu pequeña y serena voz interior. Y recuerda una cosa: la vida solo se realiza mediante los anhelos, nunca a través de las ambiciones.

❖

La vida es básicamente insegura. Esa es su cualidad intrínseca, no se puede cambiar. La muerte es segura, absolutamente segura. En el momento en que eliges la seguridad, inconscientemente has elegido la muerte. Cuando eliges la vida, sin darte cuenta has elegido la inseguridad.

De lo seguro, de lo familiar te aburres; empiezas a sentirte apagado. Con la inseguridad, lo desconocido, lo inexplorado, te sientes extasiado, bello, vuelves a ser un niño. Recuperas esos ojos maravillados, ese corazón que puede sentir asombro.

❖

¿Quién teme la muerte? Nunca me he
cruzado con una persona así; sin embargo,
casi todas las personas que he conocido
tienen miedo a la vida.

Deja de tenerle miedo a la vida...
Porque puedes temerla o bien vivirla,
tú decides.
Y ¿de qué hay que tener miedo? No tienes
nada que perder. Tienes todo por ganar.

Deja todos los miedos y da un salto total
hacia la vida.

❖

«Sé afirmativo en la vida».

La vida es sinónimo de Dios. Puedes eliminar la palabra Dios, la vida es Dios. Vive con veneración, con gran respeto y gratitud. No te has ganado esta vida, ha sido un puro regalo del más allá. Siente agradecimiento y devoción, dale tantos bocados como puedas y mastícalos y digiérelos bien. Experimenta la vida de todas las formas posibles:
lo bueno-malo, lo amargo-dulce,
la oscuridad-luz, el verano-invierno.
Experimenta todas las dualidades. No temas experimentar, porque cuanta más experiencia tengas, más integrado estarás.

❖

Únicamente el pasado no vivido es lo que se convierte en tu carga psicológica. Permíteme repetirlo: el pasado no vivido —esos momentos que podrías haber vivido, pero que no has vivido, esos amores que podrían haber florecido, pero que dejaste pasar..., esas canciones que podrías haber cantado, pero te quedaste apegado a alguna tontería y te perdiste la canción—, es el pasado no vivido lo que se convierte en tu carga psicológica, y que cada día se hace más pesada.

Por eso el anciano es tan irritable. No es culpa suya. Él no sabe por qué es tan irritable, por qué todo le irrita, por qué está enfadado constantemente, por qué no puede permitir que los demás sean felices, por qué no puede ver a los niños bailando, cantando, saltando, disfrutando, por qué quiere que todo el mundo se esté quieto.
¿Qué le ha sucedido?

Es un simple fenómeno psicológico: toda su vida no vivida. Cuando ve que un niño empieza a bailar, su niño interior se siente dolido. A su niño interior de alguna manera le impidieron bailar, quizá sus padres, sus mayores; tal vez él mismo porque era una persona respetada, honrada. Fue presentado a sus vecinos diciendo: «Mira lo tranquilo, calmado y silencioso que es este niño; no molesta, no hace travesuras». El ego le rebosaba. Pues bien, se lo perdió. Ahora no puede aguantarlo, no puede tolerar a ese niño. De hecho, es su infancia no vivida lo que comienza a dolerle. Le ha dejado una herida.

Y ¿cuántas heridas estás llevando contigo? Hay miles de heridas haciendo cola, porque ¿cuánto te has dejado sin vivir?

❖

Cuando te encuentres con un amigo, hazlo de verdad. ¿Quién sabe? Puede que no vuelvas a verlo otra vez y te arrepentirás. Ese pasado no satisfecho te atormentará, querrías haber dicho algo y no pudiste. Hay personas que quisieran decirle a alguien «Te quiero», pero están esperando durante años y no lo dicen. Esa persona puede morir un día y entonces llorarán y gemirán, dirán: «Me hubiera gustado decirle "Te quiero", pero ni siquiera eso pude hacer».

❖

Toma nota de todos tus sueños. Los sueños te indican aquello que te estás perdiendo en la realidad. Cuando una persona vive en la realidad, sus sueños empiezan a desaparecer. No hay nada sobre lo que pueda soñar. Cuando se marcha a dormir, ha terminado con el trabajo del día. Ha acabado, no le queda nada que pueda perseguirlo en sus sueños.

❖

El miedo a la muerte no es miedo a la muerte, es miedo a permanecer insatisfecho. Te vas a morir y no has podido experimentar nada de la vida, nada en absoluto, ni madurez ni crecimiento ni florecimiento.

Llegaste con las manos vacías y con las manos vacías te marchas. Ese es el miedo.

❖

Gobierno de mayorías

Evita a esos suplantadores que deciden por ti.
Coge con tus manos las riendas. Tú tienes que
decidir. De hecho, tu alma nace en el mismo
momento en que tomas esa determinación.
Mientras son otros los que deciden por ti,
tu alma sigue estando dormida y aletargada.
La perspicacia surge cuando comienzas a
decidir por ti mismo.

❖

La verdad no es democrática. No se hace una votación para decidir qué es verdad; de esa manera nunca jamás llegaríamos a alcanzar verdad alguna. La gente votaría lo cómodo, y las mentiras son muy cómodas porque no hay que hacer nada al respecto, lo único que hay que hacer es creérselas. La verdad requiere grandes esfuerzos, descubrimientos y riesgos. Requiere que camines a solas por un sendero que nadie ha recorrido antes.

❖

La mayoría está formada por necios, absolutamente necios. Ten cuidado con las mayorías. Cuando mucha gente está siguiendo algo, eso es prueba suficiente de que es erróneo La verdad sucede a los individuos, no a las multitudes.

❖

Si sigues tu potencial siempre serás el mejor. Siempre que te desvías de tu potencial continúas siendo mediocre. La sociedad al completo está formada por gente mediocre por la simple razón de que todo el mundo está siendo cualquier cosa menos aquello para lo que estaba destinado.

❖

El ser humano cuando nace es una semilla,
puede que florezca o no. Todo depende de ti,
de lo que hagas contigo mismo,
de si desarrollas tu crecimiento o no. Tú eliges,
y en cada momento tienes que afrontar una
elección. Cada momento es una encrucijada.

❖

Juegos de la mente

Deja de intentar saber en qué consiste.
Al contrario, ¡vívela!; al contrario, ¡disfrútala!

No la analices, celébrala.

❖

La mente siempre está preguntándose ¿por qué?, ¿para qué? Y cualquier cosa que no responda a la pregunta, poco a poco deja de tener valor para ti. Así es como el amor se ha convertido en algo sin valor. ¿Qué sentido tiene el amor? ¿Hacia dónde te lleva? ¿Qué vas a conseguir de él? ¿Vas a lograr alguna utopía, algún paraíso?

Por supuesto, visto así el amor carece de sentido.

Es inútil.

¿Qué sentido tiene la belleza? Una puesta de sol es tan maravillosa que contemplarla te deja perplejo, pero cualquier estúpido puede preguntarse: «¿Qué sentido tiene?».

No hallará una respuesta. Y si no tiene sentido, ¿por qué vanagloriarse innecesariamente de la belleza?

Una bella flor, un hermoso cuadro, una música maravillosa o una poesía preciosa no tienen ningún sentido. No constituyen un argumento para demostrar nada, ni son un medio para conseguir algún fin.

Y la vida solamente consiste en aquellas cosas que no tienen sentido.

Déjame repetirlo: La vida solamente consiste en aquellas cosas que no tienen ningún sentido en absoluto, que no significan nada en cuanto a que no persiguen un objetivo, que no te llevan a ninguna parte, que no obtienes nada de ellas.

En otras palabras, vivir es significativo en sí mismo.

❖

Todo lo que ves ha sido inventado por personas alegres, no por gente seria. Las personas serias están demasiado ancladas en el pasado, siguen repitiendo el pasado porque saben que funciona. Nunca utilizan su inventiva.

❖

«Mente contemporánea» son dos términos contradictorios. La mente nunca es contemporánea, siempre es antigua; pasado y nada más que pasado. Mente significa memoria. No puede existir una mente contemporánea; ser contemporáneo es no tener mente.

❖

Simplemente fíjate.

Observa. ¿Qué es tu mente? ¿Qué significa la palabra *mente*? ¿En qué consiste exactamente?

Tu mente es la acumulación de todas tus experiencias, tus conocimientos y tu pasado. Puede ser que tengas una mente materialista o puede que sea espiritualista, no tiene ninguna importancia; la mente es la mente. La mente espiritual tiene tanto de mente como la materialista y tenemos que trascender la mente.

❖

Desde Aristóteles hasta Wittgenstein, miles de personas sobresalientes han desperdiciado toda su brillantez por la sencilla razón de que trataban de resolver los problemas comunes, en lugar de dirigirse hacia la mismísima raíz de todo. La mente es el único problema.

La mente no puede existir sin problemas, son su alimento. Los conflictos, la lucha y la falta de armonía hacen que la mente se encuentre perfectamente tranquila y en casa. Con el silencio y la armonía, la mente empieza a sentir miedo; porque la armonía, el silencio y la paz solamente significan muerte para la mente.

❖

La mente es un robot que tiene su utilidad, así es como funciona la mente. Cuando aprendes algo al principio te das cuenta que lo has aprendido. Por ejemplo, cuando aprendes a nadar estás muy atento porque tu vida está en peligro. También tienes que estar muy atento cuando aprendes a conducir un coche. Tienes que tener cuidado de muchas cosas: el volante, la carretera, las personas que la cruzan, el acelerador, el freno, el embrague. Tienes que estar atento a todo ello. Son muchas las cosas que recordar, estás nervioso y es muy peligroso cometer un error, por eso tienes que mantenerte muy atento. Pero en el momento en que has aprendido a conducir, ya no necesitas tanta atención. La parte robótica de tu mente se hará cargo de ello.

A esto lo llamamos aprender. Aprender algo significa que lo hemos trasladado del consciente al robot. En eso consiste aprender. Una vez que has aprendido algo se envía al inconsciente y deja de formar parte del consciente. Ahora el inconsciente puede llevarlo a cabo, la consciencia queda libre para aprender otra cosa.

Esto en sí es tremendamente significativo, de otra forma te quedarías toda tu vida aprendiendo una sola cosa.

La mente es un gran sirviente, una computadora enorme. Utilízala, pero recuerda que no debe dominarte. Recuerda que debes ser capaz de darte cuenta, que no debe poseerte, que no tiene que convertirse en el todo de todo, que debes dejar una puerta abierta para poder salir del robot.

❖

No rechaces la mente: compréndela.

Cuando comprendes algo puedes trascenderlo, está por debajo de ti. La mente tiene su utilidad, una gran utilidad. Sin ella no habría ciencia ni tecnología. Todas las comodidades humanas desaparecerían sin la mente humana. El hombre volvería a caer al mundo de los animales, o incluso mucho más bajo que ellos. La mente ha aportado mucho.

El problema no es la mente, el problema es que te identificas con ella. El problema es creer que tú eres eso.

No te identifiques con ella. Mantente siendo un observador y deja que la mente siga estando allí: observada, contemplada, mirada. Y mediante la observación sucede un cambio tremendamente radical. La mente funciona mucho más eficientemente cuando la observas, porque entonces abandona todo lo que es prescindible y se hace ligera al no tener que cargar con ese peso innecesario. Y cuando te conviertes en un observador, también la mente puede descansar. De lo contrario, tu mente estará trabajando toda tu vida, día tras día, año tras año, deteniéndose únicamente cuando mueras. Esto crea una profunda fatiga, una fatiga mental.

Actualmente los científicos dicen que también los metales se cansan, existe algo que llaman fatiga del metal. Así pues, ¿qué decir de la mente que es tan sutil y delicada? Manéjala con cuidado. Mantente por encima de ella, indiferente, sin involucrarte. Cuando escribes no te conviertes en una estilográfica, aunque sin ella no puedes escribir. Se necesita una buena pluma estilográfica para una buena escritura. Si empiezas a escribir con los dedos, nadie podrá leer lo que has escrito, ni siquiera tú, y será muy primitivo. Pero tú no eres la estilográfica, ni la estilográfica es el escritor, sino un instrumento para escribir.

La mente no es la dueña, sino solamente un instrumento en manos de su dueño.

❖

Es muy difícil adiestrar a la mente para la concentración, porque se subleva, continúa cayendo en sus viejos hábitos. La vuelves a sujetar y se escapa. Vuelves a dirigirla hacia el asunto en el que estabas concentrándote y de pronto descubres que estás pensando en otra cosa, que has olvidado en qué estabas concentrándote. No es un trabajo fácil.

Sin embargo, dejarla a un lado es algo muy simple, en absoluto difícil. Lo único que tienes que hacer es observar. No trates de interferir o detener nada de lo que esté pasando por tu mente. No hagas nada, porque lo que hicieras se convertiría en una disciplina.

Por lo tanto, no hagas nada en absoluto, únicamente observa.

Lo más curioso de la mente es que si te conviertes en un observador, empieza a desaparecer. Exactamente igual que la luz dispersa la oscuridad, la observación dispersa la mente, sus pensamientos y toda su parafernalia.

❖

El intelecto es pensamiento. La consciencia se descubre en un estado de no-pensamiento, en un silencio tan completo que no hay ni un solo pensamiento que con su movimiento pueda alterarlo. En ese silencio descubres tu propio ser, algo tan inmenso como el cielo y realmente digno de conocer; de otro modo, todos tus conocimientos son basura.

Tus conocimientos pueden serte útiles, provechosos, pero no te van a ayudar a transformar tu ser. No pueden llevarte hacia la realización, la satisfacción, la iluminación, hacia un punto en el que puedas decir: «He llegado a casa».

Tú no eres tus pensamientos. En la pantalla de tu mente existe un tráfico constante de pensamientos moviéndose, pero tú no eres ninguno de ellos. Tú eres un testigo que, desde fuera, está viendo moverse esos pensamientos.

Todo lo que puedas ver no eres tú.
Este debería ser el criterio: tú no eres nada de lo que puedas observar.

Tú eres el testigo.

❖

Enamorados

La cabeza dice: «Piensa antes de dar el salto».
Y el corazón dice: «Salta antes de pensar».
Sus formas son diametralmente opuestas.
El amor se lanza a situaciones peligrosamente
vivas sin haberlo calculado de antemano.

❖

Cada persona es un misterio infinito, inagotable e insondable, de modo que jamás podrás decir «La he conocido», o «Le he conocido». A lo sumo podrás decir «He hecho todo lo posible por conocerlo, pero el misterio sigue siendo un misterio». De hecho, cuanto más conoces a una persona, más misteriosa se vuelve.

Entonces, el amor es una aventura constante.

❖

¿Cómo puedes conocer al otro? Puedes amarlo, y a través del amor sucede ese milagro. Si amas al otro, surge de forma espontánea un gran entendimiento. No es que estés tratando de comprender al otro: simplemente lo amas, o la amas tal y como es, sin juicios.

❖

El verdadero amor no es un huir de estar solo, el verdadero amor es una soledad rebosante. Uno se siente tan feliz de estar a solas que le gustaría compartirlo. La felicidad siempre quiere compartir. Es demasiado, no se puede contener, de la misma manera que la flor no puede contener su fragancia y la tiene que soltar.

❖

Sentirse solo es echar de menos al otro.

Soledad es cuando te encuentras a ti mismo.

❖

El amor... es un derivado de la libertad.
Es la alegría desbordante y la fragancia de la libertad. Primero, tiene que haber libertad y después le sigue el amor.

❖

La mente está bien en cuanto al dinero, la guerra o las ambiciones se refiere, pero es absolutamente inútil en cuanto al amor. No se puede incluir el amor en la misma categoría que el dinero, la guerra, el deseo o las ambiciones. El amor tiene un origen separado dentro de tu ser.

❖

El amor es el único mandamiento. Si no existe amor, ni siquiera los Diez Mandamientos van a servirte de ayuda en absoluto. Los Diez Mandamientos no serían necesarios si no fuese porque no estás preparado para cumplir el primer y único mandamiento. Esos Diez Mandamientos solamente son pobres sustitutos de uno simple: amar.

❖

La mañana siguiente

Existen viejas historias de ranas que se convierten en bellas princesas. Según mi propia experiencia sucede todo lo contrario: traes un apuesto príncipe a pasar la noche y por la mañana descubres que es una rana.

❖

Los celos y la posesión no son problemas realmente, sino los síntomas de que no sabes todavía en qué consiste el amor. Damos por hecho que sabemos lo que es el amor, y que de ahí surge el problema de los celos. Eso no es correcto. El problema nace porque todavía no hay amor, simplemente indica que el amor aún no ha aparecido, señala únicamente la ausencia de amor. Por eso, es un problema que no puedes resolver.

Lo único que se necesita es olvidarse de los celos, porque es una lucha negativa. Es luchar contra la oscuridad, no tiene sentido. En su lugar, enciende una vela. En eso consiste el amor. Una vez el amor empieza a fluir, los celos, la posesión y todo lo demás simplemente dejan de existir. Sencillamente te preguntarás dónde se habrán ido porque no puedes hallarlos. Es exactamente igual que cuando enciendes una vela, puedes seguir buscando la oscuridad por toda la habitación pero no la encontrarás. Ni siquiera buscándola con una luz. No podrás encontrarla porque ha dejado de estar allí, no era más que ausencia de luz. Los celos son ausencia de amor.

❖

Antes de poder relacionarte con otro,
relaciónate contigo mismo: este es el requisito
básico a cumplir. Sin él, nada es posible.
Con él, nada es imposible.

❖

Millones de personas están sufriendo: quieren ser amadas pero no saben cómo amar. Y el amor no puede existir como un monólogo, es un diálogo; un diálogo muy armonioso.

❖

Deja esas ideas de ser hombres y mujeres; todos somos seres humanos. Ser hombre o ser mujer es solo algo muy superficial. No es para tanto, no es muy importante; no hagas de ello un gran asunto.

❖

Vive y ama total e intensamente, pero nunca en contra de la libertad. La libertad debería seguir siendo el valor supremo.

❖

De todo corazón

El corazón todavía es primitivo. Y está bien
que las universidades aún no hayan
descubierto la manera de enseñarlo
y civilizarlo. Esta es la única esperanza
de que la humanidad sobreviva.

❖

No condenes la sensualidad.

Todo el mundo la ha condenado y, debido a ello, la energía que podría fluir hacia la sensualidad va hacia las perversiones, los celos, la ira, el odio; un tipo de vida seca y sin jugo. La sensualidad es una de las mayores bendiciones de la humanidad. Es tu sensibilidad, tu consciencia. Es tu consciencia filtrándose a través del cuerpo.

❖

La mente no está separada del cuerpo, es la parte interna del cuerpo. Tú estás separado del cuerpo y de la mente, de ambos. Eres una entidad trascendental; eres un testigo de los dos, mente y cuerpo. Ambos, mente y cuerpo, son una y la misma energía. El cuerpo es la mente visible y la mente es el cuerpo invisible. El cuerpo es la mente externa; la mente es el cuerpo interno.

❖

El sexo es un deseo natural.

Y está bien si ocupa su propio lugar. Pero no deberías detenerte en él, solamente es un comienzo, un atisbo, un reflejo del más allá. En el orgasmo sexual profundo eres consciente por primera vez de algo que no le pertenece al ego, algo que no es de la mente, que no es del tiempo. En el orgasmo profundo, la mente, el tiempo y todo desaparece; el mundo entero se detiene durante un momento. Durante un momento dejas de formar parte del mundo material; eres exactamente espacio puro.

Pero esto es solo un atisbo. Sigue adelante. Indaga y busca la manera y los medios para que este atisbo se convierta en tu mismísimo estado. A eso yo lo llamo realización, iluminación. Una persona iluminada se encuentra en un estado de alegría orgásmica las veinticuatro horas del día.

El orgasmo es la indicación natural de que dentro de ti contienes una enorme cantidad de dicha. Únicamente te da su sabor, después puedes continuar con su búsqueda.

❖

El sexo crea celos, pero eso es algo secundario. No es cuestión de cómo eliminar los celos; no puedes dejarlos porque tampoco puedes dejar el sexo. La cuestión es cómo transformar el sexo en amor, entonces los celos desaparecen.

Si amas a una persona, el propio amor es suficiente garantía, suficiente seguridad.

Si amas a una persona, sabes que no puede irse con otro. Y si se marcha, se marcha; no puedes hacer nada. ¿Qué podrías hacer? Podrías matar a la persona, pero una persona muerta no te será de mucha utilidad.

Cuando amas a alguien confías en que no puede irse con nadie. Si se va, es que no hay amor y no puedes hacer nada. El amor da esta comprensión. No existen los celos.

Así pues, si existen celos, que sepas bien que no hay amor. Estás interpretando un juego, estás escondiendo el sexo detrás del amor. El amor no es más que una palabra escrita, pero en realidad es sexo.

❖

Los celos son uno de los temas que más predominan en la ignorancia psicológica sobre ti mismo, sobre los demás y, más particularmente, sobre las relaciones. La gente cree saber en qué consiste el amor, pero no lo sabe; y este malentendido sobre el amor crea los celos.

Por «amor» la gente quiere decir un cierto tipo de monopolio, de posesión, sin entender un simple hecho de la vida: en el momento en que posees a un ser vivo lo has matado.

La vida no puede ser poseída.

No puedes tenerla en un puño.

Si quieres tenerla, tienes que mantener abiertas las manos.

❖

¿Qué te hace ser celoso?

Los celos en sí no son la raíz. Amas a una mujer o a un hombre; entonces quieres poseer al hombre o a la mujer solo por miedo a que tal vez mañana se vaya con otra persona. Ese miedo al mañana destruye el hoy, y esto en sí es un círculo vicioso.

Si destruyes cada día por miedo al mañana, antes o después tu hombre va a buscarse otra mujer, tu mujer se va a buscar otro hombre, porque tú no eres más que un pesado.

Y cuando el otro empieza a salir con otra mujer, entonces piensas que tenías fundados motivos para estar celosa. Pero de hecho, son tus celos los que han creado toda la situación.

❖

Los celos consisten en la comparación.

Nos han enseñado a comparar, estamos condicionados a comparar, siempre comparar. Aquel tiene una casa mejor; este un cuerpo más bonito; el otro, más dinero, y ese, una personalidad más carismática. Compara, sigue comparándote con todos los que te encuentres y el resultado serán unos celos enormes; ese es el producto del condicionamiento de comparar.

Por el contrario, si dejas de compararte, los celos desaparecen. Entonces simplemente sabrás que tú eres tú y nadie más, y tampoco tienes necesidad de serlo.

❖

No te preocupes por el mañana; con el día de hoy es suficiente. Cuando alguien te ama... deja que ese sea un día alegre, un día de celebración. Vive tan enamorado hoy que tu totalidad y tu amor sean suficientes para que la otra persona no se aleje de ti. Tus celos le alejarán; solamente tu amor puede mantenerlo a tu lado. Sus celos te alejarán de él, su amor te mantendrá a su lado.

No pienses en el mañana. En el momento en que estás pensando en el mañana empiezas a vivir el día de hoy a medias. Vive el día de hoy y deja el mañana tranquilo, que ya seguirá su propio curso. Y recuerda una cosa: si el día de hoy ha sido una experiencia muy hermosa, muy dichosa..., y el mañana nace de hoy, ¿por qué preocuparse?

❖

En casa

No existe ningún hogar, excepto que lo encontremos dentro de nosotros mismos.

❖

Llegas a este mundo absolutamente como un libro abierto, en blanco y sin escribir. Tú tienes que escribir tu destino; no existe nadie que escriba tu destino. ¿Quién lo haría? ¿Y cómo? ¿Y por qué?

Cuando llegas a este mundo solo eres un potencial abierto, multidimensional. Tú tienes que escribir tu suerte, crear tu destino. Tienes que llegar a ser tú mismo.

No naces con un Yo ya preparado. Naces exactamente como una semilla, y también puedes morir como una semilla; pero puedes convertirte en una flor, puedes llegar a ser un árbol.

❖

La vida consiste en cosas muy pequeñas. Por tanto, si estás interesado en las cosas denominadas grandes, estarás perdiéndote la vida.

La vida consiste en sorber una taza de té, en chismorrear con un amigo. Salir a dar un paseo por la mañana sin ir a ninguna parte en concreto, simplemente pasear, sin ninguna meta, sin ningún fin, pudiendo regresar en cualquier momento; cocinar para alguien a quien amas, cocinar para ti mismo, porque también amas tu cuerpo; lavar tu ropa, limpiar el suelo, regar el jardín —estas pequeñas cosas, cosas muy pequeñas— saludar a un extraño, cosa que no era necesaria en absoluto porque nada mediaba con él.

La persona que puede decirle hola a un extraño puede también decírselo a una flor, a un árbol; puede cantar una canción a los pájaros.

❖

La gente te ha juzgado y tú lo has aceptado sin haberlo examinado con detalle. Estás padeciendo todo tipo de juicios de los demás y tú los lanzas sobre los otros. Este juego está fuera de toda proporción y toda la humanidad lo está sufriendo. Si quieres salirte de él, lo primero que tienes que hacer es: no te juzgues a ti mismo. Acepta humildemente tu imperfección, tus fracasos, tus errores, tus debilidades. Sé exactamente tú mismo, no hay ninguna necesidad de fingir que eres de otra manera.

Una vez te aceptes a ti mismo podrás aceptar a los demás, porque tendrás la clara visión de que ellos también padecen la misma enfermedad. Y esta aceptación tuya de los demás les ayudará a aceptarse a sí mismos. Si toda la humanidad llegase a un punto donde todo el mundo fuese aceptado tal como es, cerca del noventa por ciento del sufrimiento simplemente desaparecería.

❖

A flor de piel

Rasca un poco y descubrirás en ti
en lugar de un santo un pecador.

❖

Una virtud deja de ser virtud cuando la practicas. Una virtud practicada es una cosa muerta, un peso muerto. La virtud lo es solamente cuando es espontánea, cuando es natural, no practicada; cuando sale de tu visión, de tu consciencia, de tu comprensión.

Generalmente se piensa que la religión es una práctica. No lo es. Este es uno de los mayores malentendidos fundamentales de la religión. Puedes practicar la no-violencia,pero seguirás siendo violento, porque no has cambiado tu visión. Sigues viéndolo con los mismos ojos de siempre. Una persona avariciosa puede practicar compartir, pero su avaricia seguirá siendo la misma. Incluso el compartir será corrompido por la avaricia, porque no puedes practicar algo en contra de tu comprensión, más allá de tu entendimiento. No puedes forzar los principios en tu vida, excepto que esos principios procedan de tu propia experiencia.

Sin embargo, las personas que se denominan religiosas tratan de practicar la virtud, por eso son las menos virtuosas del mundo. Tratan de practicar el amor y son las personas menos amorosas que hay sobre la tierra. Han creado todo tipo de maldades: guerras, odio, ira, enemistad, crimen. Practican una amistad que en la tierra no ha florecido. Siguen hablando de Dios y continúan creando más y más conflictos en su nombre.

❖

La única responsabilidad auténtica es hacia tu
propio potencial, tu propia inteligencia
y consciencia, y actuar en consecuencia.
Los valores no deben ser impuestos, tienen
que desarrollarse dentro de ti junto con
tu consciencia.

❖

Existen dos palabras a recordar: una es *reacción* y la otra es *respuesta*. La mayoría de las personas reaccionan, no responden. La reacción viene de la memoria, de las experiencias pasadas, de tus conocimientos. Siempre es inadecuada en una nueva y fresca situación. Y la existencia es continuamente nueva.

Así pues, si actúas según tu pasado, eso será reacción. Sin embargo, esa reacción no va a cambiar la situación ni va a cambiarte a ti, y te llevará al fracaso.

La respuesta es momento a momento. No tiene nada que ver con la memoria, tiene que ver con la consciencia. Ves la situación con claridad, limpio, en silencio, sereno. Desde esta serenidad actúas espontáneamente. No se trata de reacción, sino de acción. Es algo que nunca habías hecho antes. Y lo bonito de ello es que resultará adecuado para la situación.

❖

Ten una meta, y antes o después acabarás en el diván del psicoanalista.

Mi visión consiste en una vida sin metas. Esta es la visión de todos los Budas. Todas las cosas sencillamente son, sin ninguna razón en absoluto. Todo es totalmente absurdo, simplemente. Si comprendes esto, ¿dónde está la prisa entonces y para qué?

❖

La persona que realmente carece de ego no es en absoluto humilde.

No es ni arrogante ni humilde; simplemente es ella misma.

❖

Inmediato y supremo

La mayor obsesión que la humanidad padece consiste en «lo que debería ser». Es un tipo de locura. A la persona auténticamente sana no le preocupa lo que debería ser. Pone todo su interés en lo inmediato, en aquello que es. Y te sorprenderás: si entras en lo inmediato, en ello descubrirás lo supremo. Si te diriges hacia lo más cercano, allí encontrarás todas las estrellas distantes. Si estás en el momento presente, toda la eternidad está en tus manos.

❖

El hombre es el único animal imperfecto; los perros no son imperfectos. Todos y cada uno de los perros son perfectos. Los gatos, árboles y rocas no son imperfectos. En toda esta vasta existencia el hombre es el único animal que es imperfecto. Y ahí reside su gloria, porque en la imperfección está el crecimiento. En la imperfección se encuentra la oportunidad, la evolución. Cuando eres perfecto no existe un lugar donde ir. La perfección sería un suicidio para la humanidad.

Solo piensa, ¿qué harías si fueses perfecto? En primer lugar, eso no puede suceder. En segundo lugar, si sucediese, ¿qué harías entonces? Los perfeccionistas estarían perdidos, totalmente perdidos, porque ellos solamente conocen una forma de vida que consiste en seguir mejorando.

❖

Cuida tu césped

Todo el mundo lleva puesta una máscara de aspecto sonriente y feliz, y todos están engañando a los demás.

Llevas puesta una máscara para que los demás crean que eres más feliz que ellos, y tú crees que ellos son más felices que tú. La hierba parece ser más verde al otro lado de la valla. Los otros observan tu hierba y les parece más verde. Realmente parece más verde, más tupida y mejor; esa es la ilusión que crea la distancia.

Sencillamente sé tu mismo y dejarás de sufrir, de competir, de preocuparte de si los demás tienen más o de si tú no tienes suficiente. Si quieres que la hierba sea más verde, no hay ninguna necesidad de mirar al otro lado de la valla; ¡haz que sea más verde a este lado! Es algo muy simple.

❖

Si uno quiere vivir la vida en toda su riqueza, tiene que aprender a ser inconsistente, firmemente inconsistente. ¿Cómo ser capaz de pasar de un extremo a otro?: unas veces muy arraigado en la tierra y otras volando muy alto por el cielo, unas veces haciendo el amor y otras meditando. Y entonces, poco a poco, el cielo y la tierra estarán cada vez más cerca, y tú te convertirás en el horizonte donde ambos se encuentran.

❖

Puedes ver a personas que son desgraciadas porque han transigido en todo y eso les impide perdonarse a sí mismas. Saben que podrían haberse atrevido, pero demostraron ser unos cobardes. A sus propios ojos se han derrumbado, han perdido la dignidad. Ese es lo que resulta del transigir.

¿Por qué debería uno transigir? ¿Qué podemos perder? En esta pequeña vida, vive tan totalmente como puedas. No temas irte a los extremos. No puedes llegar a ser más que total: esa es la última frontera. Y no transijas. Transigir es una de las palabras más feas del lenguaje. Significa: «Yo doy la mitad y tú das la otra mitad; yo me conformo con una mitad y tú te conformas la otra». Pero ¿por qué? Cuando puedes tenerlo todo, cuando puedes tener el pastel y además comértelo, entonces, ¿por qué transigir?

❖

Se pueden abandonar los hábitos, pero no luchando contra ellos. Eso es lo que generalmente hace la gente. Cuando quieren cambiar una costumbre se crean otra para luchar contra ella. Pasan de un hábito a otro. Cuando quieres dejar de fumar empiezas a masticar chicle, lo cual es igual de estúpido. Cambias un hábito por otro, pero sigues siendo la misma persona inconsciente.

Abandonar un hábito y no compensarlo, manteniéndote completamente consciente y alerta para no caer en otro sustituto, es una de las cosas más difíciles en la vida. Pero no es imposible.

La verdadera vida tiene que vivirse sin hábitos. Una y otra vez te han dicho: «Abandona los malos hábitos». Yo te digo: ¡Deja todos los hábitos! No hay buenos y malos hábitos, todos son malos. Mantente sin hábitos, vive sin hábitos; entonces vivirás momento a momento en libertad.

❖

Cuando hayas tenido un pequeño atisbo de que tú eres el creador de tu propia desgracia, te será muy difícil continuar creándola. Es fácil ser desgraciado cuando sabes que otros lo están creando, ¿qué puedes hacer? Eres impotente. Por eso seguimos arrojando la responsabilidad sobre los demás.

❖

La mente corriente siempre arroja la responsabilidad sobre los demás. Siempre es el otro quien te está haciendo sufrir. Tu esposa te hace sufrir, tu marido te hace sufrir, tus padres te hacen sufrir, tus hijos te hacen sufrir.

O la estructura económica de la sociedad, el capitalismo, comunismo, fascismo, la ideología política predominante, la estructura social. O la suerte, el karma, Dios..., llámalo como quieras. La gente tiene millones de formas para esquivar su responsabilidad. Pero en el momento en que dices que otra persona —x, y, z— es quien te está haciendo sufrir, entonces no puedes hacer nada para cambiarlo. ¿Qué puedes hacer? Cuando la sociedad cambie, cuando llegue el comunismo y se dé un mundo sin clases, todo el mundo será feliz, hasta entonces no es posible. ¿Cómo puedes ser feliz en una sociedad pobre, dominada por los capitalistas, burócrata y que no te permite ser libre?

Excusas y más excusas; excusas para eludir una visión sencilla: «Yo soy responsable de mí mismo. Nadie más es responsable de mí, es absoluta y totalmente mi responsabilidad. Sea quien sea, soy mi propia creación».

❖

No culpes a los demás. Ellos son como son. De hecho, toda la astucia y los trucos del mundo te ayudan a estar atento. Si este mundo no puede ayudarte a estar atento, entonces ¿qué mundo podrá hacer que prestes atención, que seas precavido? Es un buen mundo: te ofrece un reto tremendo para ser cauteloso.

❖

AE

Adán y Eva

No necesitamos un ser humano mejor, necesitamos un ser humano nuevo. Durante siglos hemos estado mejorándolo, pero no ha pasado nada. En este momento no necesitamos una humanidad mejor; ¡ya basta! Ahora queremos una humanidad totalmente nueva, discontinua del pasado. Queremos volver a empezar como si fuéramos Adán y Eva, recién expulsados del Jardín del Edén.

❖

¿Cómo prolongar la vida? ¿Cómo alcanzar una especie de inmortalidad?

La gente lo está intentando de muchas formas. Una de ellas es teniendo hijos, y de ahí viene el constante impulso de tenerlos. La raíz de este deseo de tener hijos no tiene nada que ver en absoluto con los niños, tiene que ver con la muerte. Sabes que no podrás quedarte aquí para siempre, hagas lo que hagas fracasarás. Lo sabes, pues millones han fracasado y nadie lo ha conseguido jamás. Confías en contra de las esperanzas, así pues, tendrás que buscar otra forma. Una de las maneras más simples y la más antigua es tener hijos. Tú dejarás de estar aquí, pero algo de ti, una partícula tuya, una célula continuará viviendo. Es un modo indirecto de hacerse inmortal.

❖

La función de los padres no es ayudar a sus hijos a crecer, lo harán sin ti. Tu función es dar soporte, alimentar y ayudar a aquello que ya está creciendo. No dar instrucciones ni ideales. No decir lo que está bien o mal; deja que lo descubran por su propia experiencia.

Los niños son muy inteligentes. Sí, necesitan tu guía y tu ayuda; están desamparados, pero también son completamente inteligentes. Así, los padres tienen que estar muy alerta de hasta dónde ayudar y cuándo dejar de hacerlo. Está bien que les des la mano cuando están aprendiendo a caminar, pero no sigas dándosela el resto de su vida.

❖

Los misterios de la existencia solamente están abiertos para el niño inteligente, y la persona realmente inteligente conserva viva su infancia hasta su último aliento. Nunca la pierde; el asombro que un niño siente cuando mira a los pájaros, cuando mira las flores o el cielo. De la misma manera, la inteligencia tiene que ser similar a la de un niño.

Jesús tenía razón cuando dijo: «Salvo que vuelvas a nacer, no verás el reino de Dios». A lo que él llama «Dios», yo lo llamo «existencia», pero la afirmación es auténtica. «Volver a nacer» significa volver a ser un niño otra vez.

Pero cuando una persona madura vuelve a ser como un niño, existe una diferencia entre el niño corriente y el que ha renacido. El niño común es inocente porque es ignorante, y la inocencia renacida es lo más valioso de la vida, porque no es ignorancia, sino inteligencia pura.

❖

La inteligencia es la capacidad innata de ver, de percibir. Todo niño nace inteligente, y después la sociedad lo hace estúpido. Lo educamos en la estupidez y, antes o después, obtiene el título de graduado en estupidez.

La inteligencia es un fenómeno natural, exactamente igual que la respiración o la vista. La inteligencia es la visión interior, es intuitiva. No tiene nada en común con el intelecto, recuérdalo. Nunca confundas intelecto con inteligencia, son dos polos opuestos. El intelecto pertenece a la cabeza, te lo enseñan los demás, te lo imponen. Tienes que cultivarlo. Es prestado, es algo ajeno, no es innato.

❖

Sin embargo, la inteligencia es innata. Es tu mismísimo ser, tu propia naturaleza. Todos los animales son inteligentes; ciertamente no son intelectuales, pero todos son inteligentes. Los árboles son inteligentes, la existencia entera es inteligente y todos los niños nacen inteligentes. ¿Alguna vez te has cruzado con un niño estúpido? ¡Es imposible! Sin embargo, es muy raro cruzarse con un adulto que sea inteligente; algo ha ido mal en el intervalo.

❖

Las normas

Siempre que se dan unos mandamientos se crean dificultades para las personas, porque para cuando se aplican ya están obsoletos. La vida va muy rápida; es dinámica, no es estática. No es agua estancada, es como el Ganges, que sigue fluyendo. Jamás es la misma durante dos momentos consecutivos. Por tanto, lo que puede estar bien en este momento, puede no estarlo en el momento siguiente. ¿Qué hacer entonces? La única posibilidad es hacer que las personas sean tan conscientes que ellas mismas puedan decidir cómo dar respuesta a una vida cambiante.

❖

Una vez hayas escuchado una verdad, es imposible olvidarla. Una de las cualidades de la verdad es que no necesitas recordarla. La mentira tiene que ser recordada continuamente; podrías olvidarte. La persona acostumbrada a mentir necesita tener mejor memoria que quien está habituado a la verdad. Una persona sincera no necesita memoria; si solamente dices la verdad, no necesitas recordar.

Pero si estás diciendo una mentira, entonces tendrás que estar acordándote continuamente, porque a cada persona le habrás dicho una mentira distinta. Tendrás que guardar y clasificar en tu mente a quién le has dicho qué. Y cuando surja alguna cuestión sobre una mentira, tendrás que volver a mentir; así, se convertirá en una serie. La mentira no cree en el control de natalidad.

La verdad es célibe, ¡no tiene descendencia!

❖

La regla de oro de la vida es no tener reglas de oro.

No puede haberlas. La vida es tan vasta, tan inmensa, tan extraña, misteriosa, que no se puede reducir a una regla o a una máxima. Todas las máximas se quedan cortas, son demasiado pequeñas; no pueden contener la vida y sus energías vitales. De ahí lo significativo de la regla de oro, que no existen reglas de oro.

Un ser humano auténtico no vive regido por normas, máximas o mandamientos. El auténtico ser humano sencillamente vive.

❖

La vida es un verbo

El lenguaje ha sido creado para uso cotidiano, para el mundo terrenal. Y hasta ahí, está bien. Es perfectamente adecuado para el mercado, pero según vas adentrándote en aguas más profundas, cada vez es más inadecuado y, no solo inadecuado, sino que empieza a ser totalmente erróneo.

Por ejemplo, piensa en estas dos palabras: experiencia y experimentar. Cuando utilizas la palabra experiencia da la sensación de conclusión, como si hubieses llegado a un punto y aparte. En la vida no existen los puntos y aparte. La vida no sabe nada de puntos aparte, es un proceso en curso, un río eterno. Nunca se llega a la meta; siempre estamos acercándonos a ella, pero, sin embargo, nunca se alcanza. Por tanto, la palabra experiencia no es correcta. Da la falsa noción de terminación, de perfección; hace que te sientas como si hubieses llegado. Experimentar es mucho más exacto.

❖

En cuanto a la vida auténtica se refiere, todos los sustantivos son incorrectos, solamente los verbos son exactos. Cuando dices: «Esto es un árbol», existencialmente estás cometiendo un error. No lingüística ni gramaticalmente, pero existencialmente estás haciendo una afirmación equivocada, porque el árbol no es una cosa estática, está creciendo. Nunca tiene la condición de ser, siempre está llegando a ser. De hecho, llamarlo árbol no es correcto: está arboreciendo: haciéndose árbol. Un río, está fluyendo: haciéndose río.

Si miras la vida con detenimiento, los sustantivos comienzan a desaparecer y solamente quedan verbos. Pero eso originará problemas en el mercado. No puedes decirle a la gente: «Estuve en el fluyendo», o «Esta mañana vi un arboreciendo precioso». ¡Pensarán que te has vuelto loco!

Sin embargo, en la vida no hay nada que sea estático; nada está parado.

❖

La madurez no tiene nada que ver con tus experiencias externas de la vida. Tiene que ver con tu viaje interior, tus experiencias interiores. Madurez es otra palabra para describir la realización: has conseguido cumplir con tu potencial, lo has convertido en realidad. La semilla, después de un largo viaje, ha florecido.

❖

Lo creas o no

El creyente no es un buscador. El creyente no quiere buscar, por eso cree. El creyente quiere evitar la búsqueda, por eso cree. El creyente quiere que lo liberen, que lo salven. Necesita un salvador, siempre está en busca de un Mesías; alguien que coma por él, que mastique por él, que digiera por él.

Pero si soy yo quien come, tu hambre no va a quedar satisfecha. Excepto tú mismo, nadie puede salvarte.

❖

La creencia no significa nada.

Puedes creer que es de noche, pero por el mero hecho de creerlo no se va a hacer de noche. Estás viviendo en una especie de alucinación.

La creencia entraña un riesgo: te hace sentir que conoces la verdad, y ese sentimiento acaba siendo la mayor barrera en la búsqueda. Estarás bloqueado tanto si crees como si no, porque el no creer no es nada más que la forma negativa de la creencia.

Los católicos creen en Dios y los comunistas no: ambos son creyentes. Es igual que vayas a Kaaba o al Comintern, a Kailash o al Kremlin, el creyente cree que las cosas son así, y el no creyente cree que no son así. Y puesto que ambos lo han resuelto ya, sin haberse tomado la molestia de ir a descubrirlo, cuanto mayor es su creencia, mayor es la barrera. Nunca irán de peregrinación, no tiene sentido. Vivirán rodeados de su propia ilusión, autocreada y autosostenida. Puede que sea un consuelo, pero no es liberador. Millones de personas están desperdiciando sus vidas en creencias y no creencias.

La búsqueda de la verdad empieza solamente cuando abandonas todas las creencias.

Cuando dices: «Me gustaría descubrir la verdad por mí mismo. No voy a creer en Cristo ni en Buda. Quiero llegar a ser un Cristo o un Buda yo mismo, quiero ser mi propia luz». ¿Por qué tenemos que ser cristianos? Es lamentable. Sé un Cristo si puedes, pero no seas un cristiano. Sé un Buda si tienes algún respeto hacia ti, pero no seas un budista. Los budistas creen, Buda conoce.

Cuando puedes saber, cuando conocer es posible, por qué conformarse con las creencias.

❖

Tienes que comprender estas dos palabras: conciencia y consciencia

La consciencia te pertenece a ti.

La conciencia te la otorga la sociedad, es una imposición sobre tu consciencia.

La diversidad social hace que sean distintas las ideas impuestas en tu consciencia, pero todas las sociedades te obligan a una cosa u otra. Y una vez te imponen algo en la consciencia, no puedes escucharla; está muy lejos. Desde la misma infancia la sociedad te ha impuesto un grueso muro de conciencia que se interpone entre tu consciencia y tú[1].

❖

[1] En este caso se ha traducido *conscience* por conciencia (moral) y *consciousness* por consciencia. (*N. del T.*)

A menos que hagas que la persona se sienta culpable no puedes esclavizarla psicológicamente. Es imposible aprisionarla en una ideología determinada, un cierto sistema de creencias.

Pero una vez has creado la culpa en su mente, la has despojado de todo su coraje. Has destruido todo lo que poseía de aventurero. Has reprimido toda posibilidad de que fuese un individuo por derecho propio.

Con la idea de culpa casi has asesinado el potencial humano que habitaba en ella. Nunca podrá ser independiente. La culpa le obligará a depender de un Mesías, de una enseñanza religiosa, de Dios, de los conceptos de cielo e infierno y de todo lo demás.

Y para crear culpa, todo lo que necesitas es una cosa muy sencilla: empezar a llamar pecado a las equivocaciones, a los errores.

❖

Sí y no

La desobediencia es una gran revolución. No significa decir un no absoluto a cada situación. Simplemente significa decidir si hacer algo o no, si es beneficioso hacerlo o no.

Es asumir tu propia responsabilidad.

No se trata de odiar a la persona ni de detestar que te digan lo que hacer, porque odiando no puedes actuar ni obediente ni desobedientemente; en su lugar, actúas inconscientemente. No puedes actuar inteligentemente.

Cuando te dicen que hagas algo, te están dando la oportunidad de responder. Quizá lo que te estén pidiendo sea lo correcto; hazlo entonces y agradéceselo a la persona que en el momento preciso te pidió que lo hicieras. Tal vez lo que te pidan no sea lo correcto; aclaráselo entonces. Expón tus razones, explica por qué no es correcto; ayuda entonces a la otra persona a comprender que pensar así le lleva por mal camino. Pero no hay lugar para el odio.

Si es correcto, hazlo con todo tu amor. Si no es correcto, necesitarás aún más amor porque tendrás que decirle a la persona que no está en lo cierto, tendrás que explicárselo.

El camino de la desobediencia no es quedarse estancado, no consiste solamente en ir contra todas las órdenes y sentir ira, odio y venganza hacia la otra persona. El camino de la desobediencia es un sendero de gran inteligencia.

❖

¿Cuál es mi definición de correcto? Aquello que está en armonía con la existencia, y aquello que está en desarmonía con la existencia está mal. Tendrás que estar siempre muy atento, porque tendrás que decidirlo momento a momento. No puedes depender de respuestas preconcebidas para saber lo que está bien y lo que está mal.

❖

Se necesita un tiempo para crecer, para madurar, para llegar a tal grado de madurez que puedas decir sí y seguir siendo libre, que puedas decir sí y permanecer siendo único, que puedas decir sí sin convertirte en un esclavo.

La libertad que otorga decir no es una libertad muy infantil. Está bien entre los siete y los catorce años. Pero si una persona se queda atrapada diciendo que no a todo durante toda su vida, entonces significa que ha dejado de crecer.

El crecimiento supremo consiste en decir sí con la misma alegría que un niño dice no. Esa es la segunda infancia. Y aquel que pueda decir sí con tremenda libertad y alegría, sin dudar, sin ninguna condición, con una alegría pura y simple, un puro y simple sí, esa persona se ha transformado en un sabio. Esa persona vuelve a vivir en armonía.

Esta armonía corresponde a una dimensión completamente distinta de la armonía de los árboles, los animales y los pájaros. Ellos viven en armonía porque no pueden decir no, y el sabio vive en armonía porque no dice no. Entre los dos, pájaros y budas, están todos los seres humanos: los que no han crecido, los inmaduros, los infantiles, los que se han quedado bloqueados en alguna parte tratando todavía de decir no para obtener un sentimiento de libertad.

❖

Vivir con el diablo

En inglés diablo se dice *devil*, una palabra preciosa. Si se lee de derecha a izquierda, se convierte en *lived*, vivido. Aquello que se ha vivido se transforma en divino, y lo que no se ha vivido se convierte en diablo. Solamente lo que se ha vivido se transforma en divinidad; lo que no se ha vivido se vuelve pernicioso. Lo que hoy pospongas permanecerá dentro de ti sin haberlo vivido y será como un peso que andará rondándote. Si lo hubieses vivido, te habrías liberado de ello.

❖

La tierra es maravillosa. Si comienzas a vivir su belleza, disfrutando de todas sus alegrías sin ningún sentimiento de culpa en tu corazón, estarás en el paraíso. Si todo lo condenas, cada pequeña alegría, si te vuelves un condenador, un envenenador, entonces esa misma tierra se convierte en un infierno, pero solamente para ti. Depende de ti donde vivas, se trata de tu propia transformación interior. No es un cambio de lugar, es un cambio de espacio interior.

❖

Recuerda siempre este principio: si luchas contra algo falso serás derrotado. Lo falso no puede ser vencido ¡porque es falso! ¿Cómo podrías vencer a algo que no existe? No hay manera. La única forma es aportar luz y ver lo que hay allí.

❖

La vida debería estar rodeada de amor, no de miedo. El miedo origina ira. El miedo es lo que finalmente crea violencia. ¿Te has fijado? El miedo no es más que la forma femenina de la ira, y la ira es la forma masculina del miedo. El miedo es la forma pasiva de la ira, y la ira es la forma activa del miedo. Así pues, puedes cambiar muy fácilmente el miedo en ira y la ira en miedo. Muy fácilmente.

A veces la gente viene a mí y me dice: «Tengo mucho miedo».

Yo les contesto: «Ve y golpea una almohada, enójate con la almohada».

Ellos preguntan: «¿De qué me servirá eso?».

Y yo les digo: «¡Inténtalo!». Se convierte en una revelación para ellos. Si pueden golpear de verdad una almohada, con mucho enfado, inmediatamente el miedo desaparece, porque

esa misma energía se gira y se vuelve activa.
Estaba inactiva, por eso era miedo.

El miedo es la causa raíz del odio, la ira
y la violencia.

❖

Con una vida tan sumamente pequeña, con una fuente de energía tan diminuta, es sencillamente estúpido desperdiciarla en tristeza, ira, odio, celos. Utilízala para el amor, úsala para alguna actividad creativa, para la amistad, para la meditación. Haz con tu energía algo que te eleve, y cuanto más alto puedas llegar, más fuentes de energía se abrirán para ti. En el punto más elevado de la consciencia, eres casi un dios.

❖

Esta es la diferencia entre emociones negativas y positivas: Si te haces consciente de una determinada emoción,y si por el mero hecho de hacerte consciente esta desaparece, es una emoción negativa.

Si al hacerte consciente de esta emoción te transformas en ella, si esta se expande convirtiéndose en tu ser, es positiva.

La consciencia funciona de forma diferente en cada caso.

Si se trata de una emoción perniciosa, mediante su observación te liberas de ella. Si se trata de una emoción buena, dichosa y estática, te haces uno con ella. Al hacerte consciente se hace más profunda.

Para mí este es el criterio: cuando algo se hace más profundo al tomar conciencia de ello, es algo bueno. Cuando se desvanece al observarlo, es algo malo. Aquello que no puede permanecer en la conciencia es pecado, y lo que puede desarrollarse en ella es virtud. La virtud y el pecado no son conceptos sociales, son realizaciones internas.

❖

La toma de consciencia es necesaria, la condena no y, a través de la consciencia, la transformación sucede espontáneamente. Dándote cuenta de tu ira, penetras en su comprensión. Observándola simplemente, sin ningún juicio, sin decir que es buena o mala, solamente observando desde tu cielo interior. Verás relámpagos, ira, te sentirás ardiendo, con todo el sistema nervioso vibrando y estremeciéndose. Sentirás un temblor por todo el cuerpo. Un momento maravilloso, porque cuando la energía funciona puedes observarla con facilidad; cuando no funciona no puedes observarla.

Cierra los ojos y medita sobre ello. No luches, simplemente fíjate en lo que está sucediendo: todo el cielo lleno de electricidad, lleno de relámpagos, lleno de belleza. Túmbate en el suelo, mira al cielo y observa.

Haz lo mismo en tu interior. Hay nubes, porque sin nubes no puede haber relámpagos. Hay nubes, pensamientos. Alguien te ha insultado, se ha reído de ti, alguien ha dicho esto o lo otro...; muchas nubes, nubes negras en el cielo interior y muchos relámpagos. ¡Obsérvalo! Es una escena preciosa, aunque terrible también, porque no lo comprendes. Es misterioso y, si no lo comprendes, el misterio se vuelve algo terrible, sientes miedo de él.

Pero cuando lo comprendes, el misterio se convierte en una gracia, un regalo, porque ahora tienes la llave, y con la llave tú eres el maestro. No controlas; cuando eres consciente simplemente te conviertes en maestro.

❖

La persona que nunca se enfada y que solo controla su ira es muy peligrosa.

Ten cuidado con él, puede matarte. Si tu marido nunca se enfada, ¡denúncialo a la policía! Un marido que a veces se enfada es un ser humano natural, no hay necesidad de preocuparse por ello. Pero un marido que nunca se enfada ¡un buen día saltará y te estrangulará! Y lo hará como si estuviese poseído por algo. A lo largo de los siglos los asesinos han confesado ante el jurado: «Hemos cometido el crimen, pero estábamos poseídos».

¿Quién los poseía? Su propio inconsciente, su inconsciente reprimido, explotó.

EG

En guerra

Nunca verás a los animales ir a la guerra. Desde luego a veces pelean, pero son luchas individuales, no son guerras mundiales donde acuden todos los cuervos orientales a pelear contra todos los cuervos occidentales, o todos los perros de India luchando contra todos los perros de Pakistán. Eso no se da. Los perros no son tan tontos; tampoco los cuervos lo son. Sí, en ocasiones pelean, y no hay nada malo en ello. Pelean si su libertad es violada. Pero es una pelea individual, no es una guerra importante.

Ahora bien, ¿qué habéis hecho vosotros? Habéis reprimido a la humanidad no permitiendo que los individuos a veces se enfaden, lo cual es natural. El resultado final es que todo el mundo va acumulando su ira, reprimiéndola, y un día todos están tan repletos de veneno que explota en una guerra mundial.

❖

Para obedecer no se necesita inteligencia. Todas las máquinas son obedientes. Nadie ha escuchado jamás que una máquina fuera desobediente. La obediencia, además, es simple. Te descarga de toda responsabilidad. No existe la necesidad de reaccionar, solo tienes que hacer lo que te ordenen. La responsabilidad recae sobre la fuente de donde proviene la orden. De alguna manera eres bastante libre: no pueden condenarte por tus actos.

❖

El poder está en manos de semejantes personas..., cualquier chiflado puede pulsar un botón y terminar con toda la humanidad, con toda la vida sobre la tierra. Pero tal vez, en el fondo la humanidad también desea liberarse de ella. Quizá individualmente no sean lo suficientemente valientes para cometer suicidio, pero a gran escala están preparados.

Recuérdalo siempre: los individuos nunca han cometido grandes crímenes. Siempre son las multitudes quienes los cometen, porque entre la multitud ningún individuo siente: «Soy responsable de lo que está sucediendo». Piensa: «Solamente soy uno más». Cuando cometes algo individualmente, antes tienes que pensártelo tres veces. ¿Qué estás haciendo? ¿Está bien eso? ¿Lo permite tu consciencia? Pero esto no lo haces cuando estás entre la multitud. Entre la multitud puedes perderte, nadie descubrirá jamás que tú también formabas parte de ella.

¿Qué necesidad hay de que existan naciones? El mundo entero es uno

Las religiones, la sociedad, los políticos, solamente ofrecen a la gente ficciones por las que vivir. En la actualidad todas esas ficciones se han roto y a la gente no le queda nada por lo que vivir; de ahí su angustia. La angustia no es un estado corriente de ansiedad. La ansiedad siempre está centrada en algún problema. No tienes dinero, no tienes ropa suficiente y está llegando el frío, estás enfermo y no tienes medicinas, ahí está la ansiedad. La ansiedad se refiere a algún problema determinado.

En la angustia no existe ningún problema como tal. El simple hecho de ser parece vano, inútil. Solamente respirar te da la impresión de ir arrastrándote innecesariamente. Sigues proyectando en el mañana, hasta que llega un momento en que te das cuenta de que no va a suceder nada. Entonces aparece la angustia.

Cuando estás angustiado, lo único que te importa es cómo salir del círculo de la vida, de ahí el aumento de la tasa de suicidios, y un deseo inconsciente de la humanidad de que suceda la tercera guerra mundial. Así...: «Yo no seré responsable de haber cometido suicidio. La guerra mundial mató a todo el mundo, y también me mató a mí».

❖

¿Cuál es la necesidad de las naciones?

Toda la tierra es una.

Solo en los mapas sigues dibujando líneas, y por esas líneas sigues luchando, matando y asesinando. Es un juego tan estúpido que, excepto que toda la humanidad se haya vuelto loca, es imposible concebir por qué continúa.

❖

Sueño de poder

El poder solamente es necesario para hacer algo dañino.

De lo contrario el amor es suficiente, la compasión es suficiente.

❖

No puede haber una revolución política, social o económica. La única revolución es la del espíritu es individual. Y si millones de individuos cambian, entonces cambiará la sociedad como consecuencia, no a la inversa. No puedes cambiar primero la sociedad y esperar a que los individuos cambien después.

❖

El poder político es repulsivo. El poder sobre los demás es repulsivo. Es inhumano, porque tener poder sobre alguien significa reducir a la persona a un objeto. Se convierte en tu posesión.

❖

Lo que los políticos han estado haciendo por todo el mundo, a lo largo de la historia, simplemente es inhumano y horrible. Pero la razón, la razón básica consiste en que tienen un profundo sentimiento de inferioridad y quieren demostrarse a sí mismos que no es así. «Fíjate, tantísimo poder como tienes, tanta gente en tus manos con las que puedes hacer o romper, tantísimas armas nucleares. Solo con pulsar un botón puedes destruir todo el planeta».

El poder sobre los demás es destructivo, siempre es destructivo. En un mundo mejor, todo aquel que sea ambicioso, que quiera ser más importante, que quiera ir a la cabeza de los demás, debería ser tratado psicológicamente.

❖

La historia real aún no se ha escrito porque estamos demasiado absortos en las cosas transitorias. Estamos demasiado obsesionados con las noticias de los periódicos, que son relevantes hoy pero que mañana no tendrán sentido.

Si tienes ojos para ver, toma nota de este detalle: Interésate por lo eterno.

❖

LC

El lenguaje de la celebración

Nos enseñan que, a menos que nos reconozcan, no somos nadie, que no valemos nada. Lo importante no es el trabajo, sino su reconocimiento, y esto es volver las cosas del revés. El trabajo debería ser lo importante, un disfrute en sí mismo. Deberíamos trabajar no para que te lo reconozcan, sino por disfrutar de ser creativo; amas tu trabajo en sí mismo. Trabaja en algo porque te gusta. No pidas reconocimiento. Si te lo dan, tómalo con tranquilidad; si no te lo dan, no pienses en ello. Tu satisfacción debería residir en el propio trabajo. Y si todo el mundo aprende este simple arte de amar su trabajo, sea cual sea, a disfrutarlo sin pedir ningún reconocimiento, tendremos un mundo más bello y más lleno de celebración.

❖

La existencia es abundante: millones y millones de flores, millones de pájaros, millones de animales, todo en abundancia. La naturaleza no es ascética, está bailando por todas partes: en el océano, en los árboles. Cantando por doquier: en el viento que pasa a través de los pinos, en los pájaros... ¿Qué necesidad hay de que existan millones de galaxias con millones de estrellas cada una? No parece que haya ninguna necesidad, excepto que la abundancia es la propia naturaleza de la existencia, que la riqueza es su propia esencia.

La existencia no cree en la pobreza.

❖

Si sabes cómo disfrutar de una rosa, del verde de un árbol en tu jardín, de las montañas, del río, las estrellas, la luna; si sabes cómo disfrutar con la gente, no estarás tan obsesionado con el dinero. La obsesión nace porque hemos olvidado el lenguaje de la celebración.

No voy a pedirte que renuncies al dinero. Te lo han venido diciendo a lo largo de los siglos y no te ha cambiado. Te voy a pedir algo distinto: celebra la vida, y la obsesión del dinero desaparecerá automáticamente. Y cuando desaparece espontáneamente, no deja marcas, no deja heridas, no deja huellas tras de sí.

❖

Los búfalos no celebran reuniones para revolucionar el mundo, para hacer que los búfalos se conviertan en superbúfalos, para volverlos religiosos o virtuosos. A ningún animal le preocupan para nada las ideas humanas. Y todos ellos deben estar riéndose: «¿Qué ha pasado contigo? ¿Por qué no puedes ser tal y como eres? ¿Qué necesidad tienes de ser una persona distinta?»

❖

La vida en sí misma es un lienzo vacío y se convierte en aquello que pintes sobre él. Puedes pintar miseria o puedes pintar dicha. Esta libertad es tu gloria.

❖

Nadie es superior ni inferior, pero tampoco nadie es igual. Las personas simplemente son únicas, incomparables.

Tú eres tú, y yo soy yo. Yo tengo que contribuir a la vida con mi potencial; tú tienes que contribuir con el tuyo.

Yo tengo que descubrir mi propio ser; tú tienes que descubrir el tuyo.

❖

Cuando veas ira en los demás, ve y explora dentro de ti mismo y la encontrarás allí; cuando veas demasiado ego en los demás, ve hacia dentro y hallarás al ego allí sentado. El interior funciona como un proyector; los demás se convierten en pantallas y empiezas a ver que las películas que ellos proyectan son tus propias cintas realmente.

❖

Cada vez que estás alegre, sientes que viene de fuera. Te encuentras con un amigo y, desde luego, parece que verle te ha traído esa alegría. Esa no es la realidad. La alegría siempre está dentro de ti; tu amigo simplemente la ha provocado. El amigo la ha ayudado a salir, te ha ayudado a ver que estaba ahí.

Y esto no ocurre solamente con la alegría, sino con todo: con la ira, la tristeza, la desgracia, la felicidad, con todo. Los otros únicamente ofrecen las situaciones en las que puedan expresarse aquellas cosas que están escondidas dentro de ti. Ellos no son la causa, no están causándote algo. Lo que quiera que esté sucediendo, está sucediéndote a ti. Siempre ha estado allí, pero el encuentro con ese amigo ha creado la situación para que pudiera revelarse lo que estaba oculto. Su origen oculto se ha hecho evidente, manifiesto.

Cuando te suceda esto, permanece centrado en el sentimiento interior y tendrás una actitud distinta hacia todas las cosas de la vida.

❖

Una vez desaparecida la patología, todo el mundo se convierte en un creador. Entiéndelo tan profundamente como puedas: solamente las personas enfermas son destructivas. Las personas saludables son creativas. La creatividad es una especie de fragancia de la auténtica salud. Cuando una persona está realmente sana y completa, la creatividad llega naturalmente; surge el vivo deseo de crear.

Cuando no te comparas, no compites, no eres ambicioso; cuando no quieres ser una persona distinta de la que eres, acumulas mucha energía, porque dejas de desperdiciar toda esa energía que malgastabas en competir y en conflictos. Te conviertes en un depósito de energía, y de esa energía nace la creatividad.

La creatividad no tiene nada que ver con la competición, tiene que ver con el desbordamiento de energía. William Blake tiene razón cuando dice: «La energía es deleite». Cuando estás desbordante de energía, radiante de ella, en llamas, entonces esa misma energía se transforma en creatividad. Empiezas a crecer, pero ahora el crecimiento tiene una connotación completamente distinta. No busca una meta; viene de un origen, pero no tiene meta. Ahora ya no piensas qué quieres ser; no estás persiguiendo una meta concreta, un plan determinado. Eres un río tan grande y con una energía tan impetuosa que te llevará al océano. Ningún río está buscando el océano, pero todos llegan a él; y ningún río compite con otro, pero todos ellos llegan al océano.

Los ríos llegan al océano porque están rebosantes de agua, y esa misma energía es suficiente para llevarlos hasta él.

Si estás contento, te transformas en un océano de creatividad. Entonces nace la creatividad dentro de ti, crece dentro de ti; no por un ideal, sino porque tienes demasiada y la tienes que compartir. Tienes que cantar una canción, porque tu corazón está tan lleno y desbordante que tienes que desahogarte cantando. La energía no se puede contener y por eso se desborda. Ese desbordamiento es creatividad.

❖

Siempre un río

Una «relación» significa algo que está completo, terminado, cerrado. El amor jamás es una relación; el amor es relacionarse. Siempre es un río que fluye sin fin. El amor no conoce los puntos y aparte; la luna de miel tiene un comienzo pero nunca un final. Los amantes se acaban, el amor continúa. Es un *continuum*. Es un verbo, no un nombre.

Y ¿por qué reducimos a una relación la belleza de relacionarnos? ¿Por qué tenemos tanta prisa?

Porque relacionarse es inseguro y una relación es una forma de seguridad. Las «relaciones» poseen una certeza. Relacionarse solamente es el encuentro entre dos extraños, tal vez pasan juntos una noche y a la mañana siguiente se dicen adiós; ¿quién sabe qué va a pasar mañana?

❖

El amor no es una cantidad, es una cualidad; y una cualidad de una determinada categoría que crece cuando lo das y que muere si te lo guardas. Si te comportas egoístamente con él, muere. Así pues, ¡sé realmente un derrochador! Siéntete libre cuando das tu amor.

❖

El amor sabe cómo adentrarse en lo desconocido. El amor sabe cómo dejar a un lado todas las seguridades. El amor sabe cómo introducirse en lo no familiar y lo inexplorado. El amor es coraje.
Confía en el amor.

❖

LA

LO AUTÉNTICO

Soy contrario a las flores de plástico. Las flores auténticas son muy distintas. Las flores de plástico son permanentes; el amor de plástico es permanente. La flor auténtica no es permanente, está cambiando momento a momento. Hoy está ahí bailando al viento, al sol y a la lluvia. Mañana no podrás encontrarla: habrá desaparecido tan misteriosamente como apareció.

El amor auténtico es como una flor de verdad.

❖

Generalmente, en tus diccionarios encontrarás la palabra «permanente» como sinónimo de «eterno». No lo es. Lo eterno siempre es momentáneo. Fíjate en la rosa otra vez. Por la mañana está allí y cuando llega la tarde ya no está; es momentánea. Pero volverá; a la mañana siguiente allí habrá otra rosa. Siempre ha estado viniendo. Lo eterno emerge a través de lo momentáneo, mira a través de lo momentáneo. Una flor se marchita y otra nace; una va y la otra viene; de hecho, una se marcha para hacerle sitio a la otra. La belleza es eterna. La «cualidad de ser una rosa» es eterna. Las rosas vienen y van; su cualidad es eterna.

Vive en lo momentáneo. Y vive en ello sin ningún deseo de lo permanente; de lo contrario te perderás lo eterno. Vive en el momento tan tremenda y totalmente que te olvides de lo permanente. Lo permanente es una proyección en el futuro; lo permanente es tu deseo. No tiene nada que ver con la realidad. Lo eterno es la profundidad de lo momentáneo, lo eterno es en este momento. Lo permanente es horizontal, lineal. Lo eterno es vertical.

Lo permanente es como nadar sobre la superficie de un río profundo. Y lo eterno es bucear en la profundidad del río. Sumérgete profundamente en el momento y tocarás lo eterno. Mira la rosa. Sí, es momentánea, pero mírala con profundidad, métete en ella profundamente, y de pronto verás que escondida detrás de ella está la cualidad de ser rosa. Escondida detrás de la rosa momentánea está la belleza eterna, divina. Las flores vienen y van; el florecimiento permanece. Las rosas vienen y van; la cualidad de ser una rosa permanece. Los amantes vienen y van; el amor permanece.

❖

Aquel que sabe cómo vivir, sabe cómo morir. Aquel que sabe cómo caer enamorado, sabe cuándo ha llegado el momento de dejarlo. Sale de la situación elegantemente, con un adiós, con gratitud.

La gente no sabe cómo amar, por ello no saben cómo decir adiós cuando llega el momento de decirlo. Cuando ames tendrás que saber que todo tiene un principio y un final, un tiempo para comenzar y un tiempo para terminar, sin que se produzca ninguna herida. Uno no se queda herido, simplemente sabe que ha concluido la estación. Uno no se desespera, simplemente lo comprende y se lo agradece al otro: «Me has dado tantos regalos maravillosos. Me has aportado una nueva visión de la vida, has abierto algunas ventanas que yo jamás hubiera abierto. Ahora ha llegado el momento de separarnos y seguir por caminos distintos». Sin ira, rabia o rencor;

sin ninguna queja, pero sí con una tremenda gratitud, con gran amor y agradecimiento en el corazón.

❖

MARAVILLADOS

Los ciegos son los únicos que creen
en la luz. Aquellos que tienen ojos
no creen en la luz, sencillamente la ven.

❖

La verdad requiere unos ojos meditativos.

Si tus ojos no son meditativos, entonces la vida entera es un conjunto de hechos absurdos, sin relación entre los mismos, accidentales, sin sentido, un revoltijo, un fenómeno fortuito.

Si llegas a ver la verdad, todo encaja. Todo encaja armoniosamente, todo empieza a tener significado.

Recuerda siempre que el significado es un resultado de la verdad. Aquellos que viven solamente en los hechos, viven una vida carente por completo de sentido.

❖

La verdad es intransferible.

La verdad no puede serte entregada por otro,
porque no es una mercancía.

No es un objeto, es una experiencia.

❖

No creo en las creencias.

Nadie me pregunta:«¿Crees en las rosas?» No hace falta. Puedes verlas; la rosa está allí o no está. Solamente es necesario creer en ficciones, no en los hechos. La creencia es cómoda, conveniente; atonta. Es una especie de droga, te convierte en un zombi.

Un zombi puede ser cristiano, hindú o musulmán, pero todos son zombis con distintas etiquetas. En ocasiones se cansan de una etiqueta y la cambian: el hindú se vuelve cristiano y el cristiano se hace hindú; una etiqueta nueva, fresca, pero detrás de la etiqueta está el mismo sistema de creencias.

Destruye tus creencias. Ciertamente te resultará incómodo, molesto, pero nunca se gana nada de valor sin molestias.

❖

Creyentes y ateos, ambos son víctimas. La persona realmente religiosa no tiene nada que ver con la Biblia, el Corán o el Bhagavad Gita. La persona realmente religiosa está en profunda comunión con la existencia. Puede decir sí a una rosa, a las estrellas, a las personas. Puede decir sí a su propio ser, a sus propios deseos. Puede decir sí a cualquier cosa que la vida le ofrezca.

Eso es lo primero que hay que entender.

❖

La religión no es algo en lo que creer, sino algo que vivir, algo que experimentar. No es una creencia en tu mente, sino el sabor de todo tu ser.

❖

Hay que comprender la palabra «religión». Es importante: significa unir las partes de manera que dejen de ser partes y se conviertan en un todo. El significado fundamental de la palabra «religión» es unir cosas de forma que la parte deje de ser parte y se convierta en un todo.

Cada parte se convierte en un todo, en unión. Cada parte por separado está muerta.

Reunidas, juntas aparece una nueva cualidad: la cualidad del todo. Y el propósito de la religión es llevar esa cualidad a tu vida. No tiene nada que ver con Dios o con el diablo.

Sin embargo, de la manera en que han funcionado las religiones en el mundo, han cambiado toda su cualidad, su propia textura. En lugar de hacer de ella una ciencia de integración, de forma que el hombre no sea muchos, sino uno, las religiones de todo el mundo han ayudado a que la humanidad olvide incluso el significado de esta palabra.

❖

Mirando una puesta de sol, si justo durante un segundo te olvidas de tu separación, eres la puesta de sol. En ese momento sientes su belleza. Pero en el momento en el que dices: «Es una puesta de sol maravillosa», has dejado de sentirlo; has vuelto a ser la entidad separada y encerrada de tu ego. Ahora es la mente quien habla. Y este es uno de los misterios: que la mente puede hablar, aunque no conozca nada, y el corazón, que lo sabe todo, no pueda hablar.

❖

El momento más maravilloso de la vida es cuando uno no tiene ni confusión ni certeza. Uno simplemente es un espejo que refleja aquello que es, carente de dirección, yendo hacia ninguna parte, sin ninguna idea de hacer nada, sin futuro, simplemente estando totalmente en el momento, tremendamente en el momento.

❖

Lo cognoscible es corriente, mundano. Lo incognoscible es sagrado. Y solo con lo incognoscible la vida se convierte en una bendición, solo lo incognoscible te hará estremecer con la maravilla de la vida y la existencia.

❖

El conocimiento gratifica al ego; la sabiduría solamente acontece cuando el ego ha desaparecido, ha sido olvidado.
El conocimiento se puede enseñar;
las universidades están para enseñarlo.
La sabiduría no se puede enseñar, es como una infección: tienes que permanecer junto a los sabios, tienes que andar con ellos, solo entonces algo empezará a moverse dentro de ti.

❖

Cuando eres capaz de ver sin que los conocimientos empañen el espejo de tu alma, cuando en tu alma no queda ni una mota de ese polvo, cuando es solo un espejo, refleja aquello que es. Eso es sabiduría. Sabiduría es reflejar aquello que es.

❖

Cuando te ríes te acercas a lo divino, cuando amas te acercas a lo divino. Cuando cantas, bailas y haces música, en eso consiste la auténtica religión.

❖

La sabiduría no tiene nada que ver con los conocimientos, en absoluto. Tiene que ver con la inocencia. Para que la sabiduría crezca es necesario algo de la pureza del corazón, es necesario algo de la amplitud del ser.

❖

Mantente en un estado de no saber; funciona desde ese estado. ¡Mira a los árboles como un niño, mira a la luna como un poeta, mira al cielo como un loco!

❖

Mantén tu curiosidad si quieres que los misterios se abran para ti. Los misterios nunca se descubren para aquellos que preguntan. Los indagadores antes o después terminan en una biblioteca. Antes o después terminan con las escrituras porque están llenas de respuestas. Pero las respuestas son peligrosas, matan tus inquietudes.

Son peligrosas porque, aunque no sabes, te dan la sensación de saber. Te dan el concepto equivocado de creer que tus preguntas ya están resueltas: «Conozco lo que dice la Biblia, lo que dice el Corán o el Gita. He alcanzado el conocimiento». Te habrás convertido en un loro, que repite las cosas pero que no sabe nada. Esta no es la manera de saber; los conocimientos no son la forma de saber.

¿Cuál es el modo de saber, entonces? Maravillándote. Deja que tu corazón baile de admiración. Llénate de curiosidad: late con ella, respírala. ¿Por qué tener tanta prisa en obtener una respuesta? ¿No puedes dejar que el misterio siga siendo un misterio? Reconozco que existe la gran tentación de no permitir que siga siendo un misterio, de reducirlo a conocimiento. ¿Por qué existe esa tentación? Porque solo cuando estás lleno de conocimientos puedes controlar.

El misterio te controla a ti, los conocimientos hacen que tú seas quien controla. El misterio te posee. Tú no puedes poseerlo; es demasiado vasto y tus manos demasiado pequeñas. Es tan infinito que no puedes poseerlo, tendrás que dejarte ser poseído por él; y ese es el miedo. Los conocimientos son demasiado triviales, puedes poseerlos, puedes controlarlos.

Esta tentación de la mente de reducir a una pregunta todas las inquietudes y todos los misterios, fundamentalmente se basa en el miedo. Tenemos miedo. Miedo de lo tremendo de la vida, de esta existencia increíble. Tenemos miedo y por eso nos rodeamos de pequeños conocimientos que nos sirven de protección; son como una armadura, como una defensa.

Solamente los cobardes reducen a preguntas la enormemente valiosa capacidad de curiosidad. Los realmente valientes, la persona valerosa, lo deja tal y como está. En lugar de ponerlo en preguntas, da un salto hacia el misterio. En lugar de tratar de controlarlo, deja que el misterio lo posea.

❖

Desde ese estado de admiración existen dos caminos, uno consiste en preguntar, el camino equivocado, que te lleva a adquirir cada vez más conocimientos. El otro no consiste en preguntar sino en disfrutar. Disfrutar de la maravilla de la vida, de la maravilla de la existencia, la maravilla del sol y de su luz y de los árboles bañados por sus rayos dorados.

Experiméntalo. No le añadas un signo de interrogación, déjalo tal como está.

❖

El propósito de la vida es la vida misma; no
es un medio que lleve hacia algún fin, es un
fin en sí misma. El pájaro en vuelo, la rosa al
viento, el sol naciendo por la mañana,
las estrellas en la noche, un hombre
enamorándose de una mujer, un niño que
juega en la calle..., no hay un propósito.
La vida simplemente disfruta de sí misma,
se deleita consigo misma. Es energía
desbordante, danzando, sin propósito alguno.
La vida es por amor a la vida.

Vive el momento por el puro gozo de vivirlo.

❖

Dicen que el arte es por amor al arte. Puede que sea así y puede que no lo sea; yo no soy un artista. Pero sí puedo decirte: La vida es por amor a la vida. Cada momento es absolutamente por su propio bien, sacrificarlo por cualquier otra cosa no es inteligente. Y una vez se instale este hábito de sacrificar, entonces sacrificarás este momento por el siguiente, y el siguiente por el próximo, y así sucesivamente: este año por el que viene, y ¡esta vida por la siguiente! Es un proceso simple y lógico: el viaje entero comienza dando el primer paso. Un viaje autodestructivo y suicida que te lleva hacia una tierra estéril.

Vive el momento por el puro gozo de vivirlo. Vívelo sin ningún «debería de», «tendría que», sin ningún deber ni mandamiento. No estáis aquí para ser mártires, estáis aquí para disfrutar la vida en su totalidad.

Y el único modo de vivir, amar y disfrutar es olvidarse del futuro. No existe. Si puedes olvidarte del futuro, si puedes ver que no existe, no habrá motivo entonces para estar preparándose constantemente para él. En el momento en que abandonas el futuro, el pasado se vuelve irrelevante por sí solo. Estamos cargando con el pasado para poder utilizarlo en el futuro. De otra manera, ¿quién cargaría con el pasado? Es innecesario. Si no existe un futuro, ¿qué sentido tiene cargar con los conocimientos que te ha aportado el pasado? Es una carga que arruinará el gozo del viaje.

Y déjame recordarte que es un puro viaje. La vida es una peregrinación hacia ninguna parte y desde ninguna parte. Y entre estas dos partes está el aquí-ahora. En inglés «ninguna parte» se dice *nowhere* y está formado por dos palabras: *Now* (aquí) y *here* (ahora). Entre estas dos partes está el aquí-ahora.

❖

El final del camino

Reconocer que todo ha fracasado es el comienzo de un nuevo viaje. Reconocer que «Todo lo que había conseguido lo he perdido», es el comienzo de una nueva búsqueda por algo que no puede perderse. Cuando uno está completamente desilusionado del mundo y de sus éxitos, solo entonces uno se vuelve espiritual.

Un hombre pobre nunca lo es tanto, porque aún le quedan esperanzas: un día u otro el destino derramará bendiciones sobre él;

cualquier día podrá conseguirlo, llegará. Puede tener esperanzas. El rico ya lo ha conseguido, ya ha cumplido sus expectativas y, de pronto, se da cuenta de que no ha conseguido nada. Ha satisfecho todas sus esperanzas y, sin embargo, no ha conseguido nada. Ha llegado, pero no ha llegado en absoluto, todo el viaje ha sido en sueños. No se ha movido ni un simple centímetro.

La persona que tiene éxito en lo mundano siente el dolor del fracaso como nadie más puede sentirlo. Existe un proverbio que dice: El éxito es el mayor triunfo. A mí me gustaría decirte: No hay mayor fracaso que el triunfo. Pero esto no lo puedes saber a menos que hayas tenido éxito. Cuando tienes a tu disposición todas las riquezas con las que habías soñado, que habías planeado, por las que te habías esforzado, justo en medio de todas esas riquezas está el mendigo: vacío y hueco en el fondo de su ser; sin nada en su interior, todo en el exterior.

De hecho, cuando todo está en el exterior se convierte en un contraste. Simplemente enfatiza tu vacío y la nada en tu interior. Simplemente enfatiza tu mendicidad y pobreza interiores. Una persona rica conoce la pobreza mejor que ningún pobre pueda conocerla jamás.

❖

Es muy barato convertirse en un erudito. Ahí están las escrituras, las bibliotecas, las universidades; es muy fácil estar informado. Y una vez con conocimientos te encontrarás en un espacio muy delicado, porque al ego le gustará creer que ese conocimiento es tuyo, y no solo eso, sino que es tu sabiduría. Al ego le gustaría convertir los conocimientos en sabiduría.

Empezarás a creer que sabes.

No sabes nada.

Lo único que conoces son libros y lo que está escrito en ellos. Tal vez esos libros hayan sido escritos por personas como tú.

El noventa y nueve por ciento de los libros están escritos por aficionados a la lectura. De hecho, si lees diez libros, tu mente se llena de tanta basura que te gustaría verterla en el undécimo libro. ¿Qué otra cosa puedes hacer con ello? Tú mismo tienes que descargarte.

❖

Preguntar es un riesgo, es ir hacia lo desconocido. Uno no sabe qué va a suceder. La duda es tu amiga.

Uno deja todo aquello a lo que está acostumbrado, con lo que está cómodo, y va hacia lo desconocido sin estar seguro de si habrá algo en la otra orilla y ni siquiera si habrá otra orilla.

Así pues, la gente se aferra a las creencias o, aquellos que son un poco más fuertes, los intelectuales, «la inteligencia», se aferra al ateísmo. Pero ambos son escapatorias de la duda. Y escaparse de la duda es escaparse de preguntar, porque ¿qué es la duda? Solamente es un signo de interrogación. No es un enemigo, sencillamente es un símbolo de interrogación en tu interior que te prepara para preguntar.

❖

Sobre el autor

Las enseñanzas de Osho desafían la categorización al abarcar desde la búsqueda individual de significado hasta los temas sociales y políticos más urgentes a los que la sociedad actual se enfrenta. Sus libros no han sido escritos, sino que son transcripciones de grabaciones, sonoras o en vídeo, tomadas de las conferencias improvisadas que ofreció, durante treinta y cinco años, a una audiencia internacional. Como él mismo dice: «Recuerda: todo lo que digo no es solo para ti... hablo también a las generaciones del futuro». Osho ha sido descrito por el *Sunday Times* de Londres como uno de los «1.000 constructores del siglo XX», y por el norteamericano Tom Robbins como «el hombre más peligroso desde Jesucristo».

Refiriéndose a su propio trabajo, Osho ha dicho que él está ayudando a crear las condiciones para el nacimiento de una nueva clase de ser humano. Muchas veces ha caracterizado a este nuevo ser humano como «Zorba el Buda» —capaz al mismo tiempo de disfrutar de los placeres terrenales como Zorba el griego y de la silenciosa serenidad de Gautama Buda. Atravesando como un hilo los diversos aspectos de la obra de Osho se encuentra una visión que pone en sintonía la perenne mirada oriental con las enormes posibilidades de la ciencia y las tecnologías occidentales.

Osho es también reconocido por sus revolucionarias contribuciones a la ciencia de la transformación interior, con un acercamiento a la meditación que deja de lado el ritmo acelerado de la vida contemporánea. Sus «Meditaciones Activas» están pensadas para, en primer lugar, desprenderse del estrés acumulado por el cuerpo y la mente, de manera que es más fácil experimentar el estado de meditación relajado y libre de pensamientos.

Existe una obra autobiográfica del autor: *Autobiografía de un místico espiritualmente incorrecto*, Ed. Kairós, Barcelona, 2011.

Sobre el OSHO®
International Meditation Resort

www.osho.com/meditationresort

SITUACIÓN: Situado a 160 kilómetros de Mumbai, en la moderna y próspera ciudad de Pune, en la India, el *Resort* de Meditación Osho International es un maravilloso lugar para pasar las vacaciones. El *Resort* de Meditación se extiende sobre una superficie de más de 16 hectáreas, en una zona poblada de árboles conocida como Koregaon Park.

SINGULARIDAD: El centro ofrece diversos programas a los miles de personas que acuden a él todos los años procedentes de más de cien países. Es un maravilloso lugar para pasar las vacaciones y donde las personas pueden tener una experiencia directa y personal con una nueva forma de vivir, con una actitud más atenta, relajada y divertida. Durante todo el año se ofrecen sesiones individuales y talleres de grupo junto con un programa diario de meditaciones. ¡Relajarte sin tener que hacer nada es una de ellas! Todos los programas se basan en la visión de Osho de «Zorba el Buda», un ser humano cualitativamente nuevo, capaz de participar con creatividad en la vida cotidiana y de relajarse con el silencio y la meditación.

MEDITACIONES OSHO: Un programa diario de meditaciones para cada tipo de persona que incluye métodos activos y pasivos, tradicionales y revolucionarios, y particularmente las Meditaciones Activas Osho™. Las meditaciones tienen lugar en la sala de meditación más grande del mundo, el Auditorio Osho.

OSHOMULTIVERSITY: Acceso a sesiones individuales, cursos y talleres, que abarcan desde las artes creativas hasta los tratamientos holísticos, pasando por la transformación y terapia personales, las ciencias esotéricas, el enfoque zen de los deportes y otras actividades recreativas, problemas de relación y transiciones vitales importantes para hombres y mujeres. El secreto del éxito de la Osho Multiversity reside en el hecho de que todos los programas se complementan con meditación, apoyo y la comprensión de que, como seres humanos, somos mucho más que una suma de todas las partes.

SPA BASHO: El lujoso Spa Basho dispone de una piscina al aire libre rodeada de árboles y de un jardín tropical. Un singular y amplio jacuzzi, saunas, gimnasio, pistas de tenis..., todo ello realzado por la belleza de su entorno.

RESTAURACIÓN: Los cafés y restaurantes al aire libre del *Resort* de Meditación sirven cocina tradicional hindú y platos internacionales, todos ellos confeccionados con vegetales ecológicos cultivados en la granja del *Resort* de Meditación. El pan y las tartas se elaboran en el horno del Resort.

VIDA NOCTURNA: Por la noche hay muchos eventos entre los que elegir, ¡y el baile está en el primer lugar de la lista! Hay también otras actividades como la meditación de luna llena bajo las estrellas, espectáculos, conciertos de música y meditaciones para la vida diaria. O simplemente puedes disfrutar encontrándote con gente en el Plaza Café, o paseando por la noche en la tranquilidad de los jardines en un entorno de ensueño.

SERVICIOS: En la Galería encontrarás productos básicos y artículos de perfumería. En la Multimedia Gallery se puede adquirir un amplio abanico de productos Osho. En el campus encontrarás también un banco, una agencia de viajes y un cibercafé. Si estás interesado en hacer compras, en Pune encontrarás desde productos tradicionales y étnicos indios hasta todas las franquicias internacionales.

ALOJAMIENTO: Puedes alojarte en las elegantes habitaciones del Osho Guest-house, o bien optar por un paquete del programa Osho Living-in, si se trata de una estancia más larga. Además, hay una gran variedad de hoteles y apartamentos con todos los servicios en las proximidades.

www.osho.com/meditationresort
www.osho.com/guesthouse
www.osho.com/livingin

PARA MÁS INFORMACIÓN

Véase: www.osho.com

Un amplio sitio web en varias lenguas, que ofrece una revista, libros OSHO, OSHO Talks en formato audio y vídeo, la Biblioteca OSHO con el archivo completo de los textos originales en inglés e hindi, y una amplia información sobre las meditaciones OSHO.

También encontrarás el programa actualizado de la OSHO Multiversity e información sobre el *Resort* de Meditación.

Websites:

hhttp://OSHO.com/allaboutOSHO

http://OSHO.com/Resort

http://www.youtube.com/OSHOinternational

http://www.Twitter.com/OSHO

http://www.facebook.com/OSHOespanol

http://www.facebook.com/pages/OSHO.international

O contactar con OSHO International Foundation:

www.osho.com/oshointernational

oshointernational@oshointernational.com

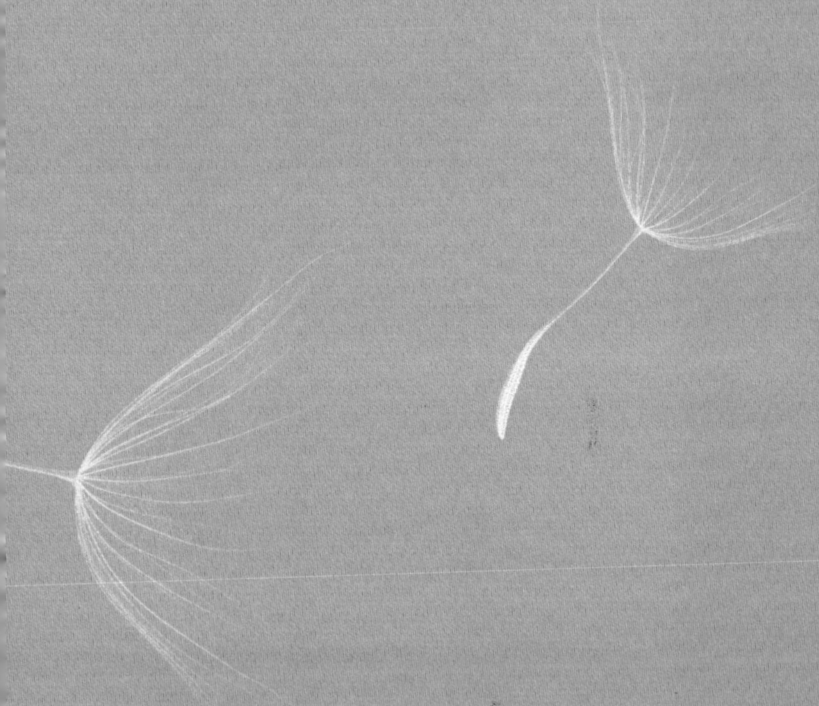